흩어진 날

일러두기

1. 본 책에 등장하는 인물, 기업, 단체, 지명, 사건 등은 실제와 무관하며 창작에 의한 허구임을 알립니다.
2. 책의 편집은 국립국어원의 표기법을 따랐으나, 주인공과 내용의 사실적 묘사를 위해 저자의 표현을 그대로 살린 부분이 있습니다.
3. 이 책에서 공개되는 투자 관련 내용은 저자의 의견이며, 실제 투자에 따른 수익 또는 손실의 책임은 투자자에게 있습니다.

RHK
알에이치코리아

백영옥 장편소설

클로저

그녀가 원한 건 오직 한 가지

"공부 없이 하는 투자는
패를 보지 않고 치는 포커와 같다."

_피터 린치, 월스트리트의 전설적인 투자가

차례

1

천사

그해 겨울은 유난히 눈이 많이 내렸다.

하늘이 파랗게 맑아서인지 한겨울 햇빛에 눈이 더 새하얘 보였다. 길가에 세워진 택시에는 추운 날씨와는 어울리지 않는 선글라스를, 그것도 칠이 벗겨져 한눈에 봐도 짝퉁 티가 역력한 레이벤 선글라스를 쓴 사내가 타고 있었다. 사내는 후줄근한 솜 점퍼 차림으로 운전석에 앉아 카스텔라를 씹어 삼키며 우유를 들이켰다. 조수석 앞에 비치된 택시 운전 자격 면허 사진에는 실물보다 한층 초라해 보이는 사내가 배시시 웃고 있었다.

행운 운수, 유한서.

그 작은 공간 안에서 사내의 신분을 알리는 가장 명확하고도 정확한 표식이었다. 한서가 남은 우유를 목구멍으로 막 넘겼을 때, '덜컥' 조수석 쪽 문이 열리면서 눈 부신 햇살이 그의 두 눈을 파고 들었다.

뽀얀 피부에 긴 생머리, 큰 눈과 오뚝한 코···. 전형적인 미인을 표현할 때 쓰이는 세상의 모든 수식어가 바로 이 여인을 두고 한 말이 아닐까 싶은 여자가 서 있었다. 하얀 눈만큼이나 새하얀 그녀의 구스 패딩도 여자의 고운 미소에 묻혀 빛을 잃은 듯했다.

갑작스럽게 조수석으로 날아 들어온 천사 때문에 놀란 한서는 입가로 흘러나온 우유를 닦을 새도 없이, 황급히 안전벨트를 맸다. 지금 당장 출발하지 않으면 천사가 다른 곳으로 날아가 버리기라도 할까 봐 마음이 조급해졌다.

"지금, 강원랜드 갈 수 있을까요?"

천상의 향기를 품은 듯한 여자의 향수 냄새가 한서의 코를 찔렀다. 평소대로라면, 동서울터미널에서 강원랜드가 있는 강원도 사북까지의 장거리 손님일 경우 요금부터 흥정했을 것이다. 하지만 한서는 무언가에 홀리기라도 한 듯, "예!"라는 짧은 대답 외에는 아무 말도 못 했다.

"얼마예요?"

청아한 목소리에 힐끗 여자를 향해 얼굴을 든 한서가 더듬거렸다.

"뭐… 뭐가요?"

천진해 보이는 남자의 당황한 모습이 싫지는 않았는지, 여자의
입가에 옅은 미소가 번졌다.

"얼마 드리면 되냐고요, 사북까지 가려면…."

그제야 한서는 제정신이 들긴 했지만, 횡설수설하긴 마찬가지
였다.

"사… 사북까지는 보통 톨비 포함해서 20만 원 정도인데… 어떨
때는 15만 원에 가기도 하고…."

한서는 여자의 의중을 살피기 위해 그녀의 눈을 바라보았다. '그
런데요?'라고 묻는 듯 자신을 바라보는 여자의 눈빛에, 한서는 행
여 속마음을 들킬까 바로 고개를 돌려 전방을 주시했다. '요금이
비싸다 싶으면 바로 내릴 텐데….' 한서는 성급히 말을 이었다.

"오… 오늘은, 마침 그쪽에 이… 일이 있어서 어차피 그쪽으로
가야 하니까… 10, 10만 원이면 어떠세요?"

여자는 예의 환한 미소를 띤 채 경쾌하게 대답했다.

"콜!"

여자의 대답에 한서는 오랫동안 기다렸던 청혼을 수락받기라도
한 것처럼 들뜬 표정으로 웃었다. 하지만 이내 본인이 저질러 버린
말도 안 되는 흥정 결과에 미간을 찌푸리며, 그는 이랬다 저랬다
날뛰는 마음을 추슬러야 했다.

그렇게 한서의 택시는 천사를 태운 채 눈 덮인 강원도로 향했다.

2

덫에 걸리다

무엇이 그리 급했던 걸까?

여자는 모든 게 꽁꽁 얼어붙은 추운 날씨에, 패딩의 지퍼도 올리지 않은 채 황급히 택시에서 내렸다. 한서는 강원랜드 카지노 건물 안으로 뛰어 들어가는 그녀의 뒷모습을 차 안에서 한동안 멍하니 바라보았다.

그러고는 잠시나마 인연이 될 수 있을지도 모른다는 망상에 빠졌던 자신이 민망해져, 씩 웃으며 그녀가 쥐어준 5만 원권 지폐 두 장을 내려보았다. 잠시 풀었던 안전벨트를 다시 매려던 그때, 한서의 시야에 여자가 빠뜨리고 내린 하얀 가죽케이스의 휴대폰이 들어왔다.

서둘러 차창 너머로 여자를 찾아보았지만. 카지노 건물 안으로 들어간 그녀가 보일 리 없었다. 그녀의 휴대폰을 이리저리 살펴봐도 그녀에게 연락할 방법은 없었다.

'이게 바로, 그 기회라는 건가?'

한서는 새로운 망상에 사로잡혔다. 휴대폰 주인인 여자에게서 연락이 올 때까지 기다리는 것이 사내로서 당연하고도 합당한 일임이 틀림없다는 생각이 들었다.

◆ ◆ ◆

잠시 후.

한서는 귀한 보물이라도 되는 것처럼 여자의 휴대폰을 두 손에 꼭 쥔 채로 카지노 입구에 다다랐다. 안에서 흘러나오는 요란한 기계음과 번쩍이는 조명이 귀와 눈을 자극했다. 카지노 입구에는 공항에서나 보았던 검색대가 있었다. 한 치의 망설임도 없이 객장 안으로 들어서려던 한서를, 보안 요원이 가로막았다.

"손님, 티켓 먼저 구매하셔야 합니다."

마침, 바로 옆 검색대를 통과하는 등산복 차림의 아주머니 무리가 보였다. 그들은 저마다 보안 요원에게 자신의 신분증과 티켓을 보여주었다.

'아… 입장권이 있어야 들어갈 수 있군.'

한서는 보안 요원의 안내를 받아 카지노 바로 옆 건물의 매표소로 향했다. 매표소 앞에는 검색대에서보다 더 많은 사람이 줄지어 자신의 차례를 기다리고 있었다. 그깟 도박을 하려고 이렇게 줄까지 서 있다니, 한서의 머리로는 도무지 이해가 안 됐다.

얼마 후, 한서의 차례가 되었다.

"예? 9,000원이요?"

카지노 입장료가 9,000원이라는 말에 한서는 잠시 망설였다. 기름값과 톨게이트 통행료까지 생각하면, 10만 원을 받아도 말 그대로 남는 게 없었다. 그 돈을 받고 강원도 깊은 산골짜기까지 온 것은, 꿈에라도 나타나면 황송할 만큼 아름다운 여자와 드라이브를 하는 것만으로 보상이 되리란 계산 때문이었다. 하지만 1만 원에 가까운 입장료까지 손익 계산에 넣으니 이제는 현실이 보였다.

기사식당 백반값 7,000원이 아까워 며칠째 빵과 우유로 점심을 때운 그였다. 그런 그에게 카지노 입장권 9,000원은 쉽게 낼 만한 금액이 아니었다. 하지만 한서의 마음속 한편에는 조금이라도 빨리 그녀를 다시 보고 싶다는 열망이 꿈틀댔다.

"여기, 티켓이요!"

검색대 앞에 선 한서는 마치 퍼스트클래스 항공권이라도 되는 것처럼 보안 요원에게 의기양양하게 카지노 입장권을 내밀었다. 하지만 그의 티켓과 신분증을 받아든 보안 요원은 병무청에 신체검사를 받으러 온 신병 대하듯, 깔보는 눈빛으로 한서의 얼굴과 신분증의 사진을 대조하며 힐끗 본 게 전부였다. 한서 역시 경찰에게 음주 운전 현행범으로 붙잡혀 신분증 검사를 받고 있는 건가 싶을 정도로 비굴한 느낌이 들었다. 보안 요원은 이내 사무적인 미소를 지으며, 호의적인 손짓으로 그를 안쪽으로 안내했다.

이윽고 카지노 안으로 들어선 한서의 눈이 휘둥그레졌다. 때마침 요란한 팡파르 소리가 울려 퍼지며 슬롯머신 앞으로 사람들이 몰려드는 게 보였다. 슬롯머신 위의 커다란 스크린 전광판에는 'Jack Pot(잭팟)'이라는 알파벳 글자가 휘황찬란하게 번쩍였다.

'일… 십…, 백, 천, 만, 십만, 백만, 천만……'

전광판의 숫자를 세는 한서의 눈이 점점 더 커졌다.

'7… 7,300만 원?'

카지노 테이블과 칩들 그리고 번쩍이는 슬롯머신이 한서를 중심으로 원을 그리며 빙빙 어지럽게 돌기 시작했다. 그리고 얼마 후 정신이 들었을 때, 한서의 손에는 여자가 차에 두고 내린 흰색 휴대폰 대신 노란색 칩 하나가 들려 있었다.

한서는 칩을 빤히 들여다보며 침을 꼴깍 삼켰다.

'이 작은 플라스틱 조각 하나가 10만 원이라니….'

똑같은 10만 원을 벌려고 천사를 태우고 눈 덮인 도로 위 곡예 운전을 해 지금 여기 룰렛 테이블 앞에 선 오늘 하루의 일들이 주마등처럼 뇌리를 스쳤다. 빨간색과 검은색 숫자 사이를 새하얀 룰렛 구슬이 통통 튀어 다녔다. 한서는 귀신에게 홀리기라도 한 듯 계속 만지작거리기만 하던 노란색 칩을 숫자 7 위에 올렸다. 7이 행운을 의미하는 숫자라는 게 선택의 유일한 이유였다.

잠시 후, 딜러의 목소리가 저 아득한 바다 깊은 곳으로부터 들려오는 듯했다.

"7입니다. 축하드립니다."

딜러의 외침이 있고도 한참이 지났을 무렵, 그제야 정신을 차린 한서의 점퍼 주머니는 한껏 두둑해져 있었다. 반쯤 정신이 나간 것처럼 한서의 초점 잃은 두 눈은 정면을 향해 있었지만, 그의 두 손은 주머니 속 쑤셔 넣은 칩을 세는 중이었다.

'서른넷… 서른다섯… 서른…… 여섯!!!'

한서는 칩을 현금으로 바꿀 수 있는 환전소에 도착할 때까지 칩을 몇 번이고 세고 또 세었다. 마침내 자신의 차례가 되자, 고이고이 점퍼 주머니 안 깊은 곳에 보관한 칩들을 꺼내 놓았다.

'정말 돈으로 줄까? 세금은 떼고 주겠지?'

무표정한 얼굴의 캐셔 직원은 5만 원권 지폐 다발을 집어 들고는, 은행 창구에나 있는 자동 지폐 계수기 안에 집어넣었다. 타라라라라락. 빠른 속도로 바뀌던 빨간색 숫자가 '3,600,000'에 정확히 멈췄다. 그리고 곧 한서는 자신의 손에 들린 묵직한 돈다발의 무게를 느낄 수 있었다.

'360만 원. 10만 원이 360만 원이 됐어….'

불과 1시간 남짓이나 되었을까? 아니 룰렛에 베팅하고 기다린 것만 따지면 5분도 채 되지 않는 짧은 순간이었다. 단 5분 만에, 그가 한 달간 쉬지 않고 택시를 운전해도 손에 넣기 쉽지 않은 큰돈을 번 것이다.

한서는 누가 빼앗아 가기라도 할까 봐 돈다발을 점퍼 안쪽 주머니 깊숙이 쑤셔 넣고는 그대로 카지노장을 빠져나왔다. 다행히 한서를 따라 나오는 사람은 없었다. 한서는 돈다발로 불룩해진 오른쪽 가슴팍을 슬며시 쓸어 보았다. 그래도 여전히 마음이 놓이지 않아, 재빠른 걸음으로 주차장으로 이동해 얼른 택시에 올라탔다.

안전벨트를 매며 안도의 숨을 내쉬던 그 순간, 어디선가 카펜터스의 '클로즈투유Close to you' 노래가 흘러나왔다. 여자가 두고 내렸던 휴대폰 벨소리였다.

"여… 여보세요?"

3

중독

먼지가 켜켜이 쌓인 회계 관련 서적들이 어지러이 널려 있는, 한
평도 채 안 되어 보이는 좁디좁은 고시원 쪽방. 마음 편히 다리도
뻗을 수 없는 작은 침대 위에는 지금 이 순간 세상에서 가장 행복
한 사내가 누워 있었다.

아무리 생각하고 또 생각해도 그건 정말 기분 좋은 일임이 틀림
없었다. 박복하기 그지없던 한서의 삶에 갑자기 날아든 '360만 원'
은 그 어떤 행운보다 큰 의미를 안겼다. 행복한 기분에 좀처럼 잠
이 오지 않는지 누워서 이따금 실없이 웃음을 터뜨리던 한서가, 머
리맡에 놓인 휴대폰을 집어 들었다.

"엄마? 아들이지, 누구긴 누구야. … 밥 먹었지. 지금 시간이 몇
신데. … 집에는 별일 없고?"

평소답지 않게 살가운 한서의 목소리가 고시원 방 안을 채웠다.

◆ ◆ ◆

그로부터 며칠 후.

이른 아침부터 한서의 택시가 동서울터미널 앞에 정차되었다. 검은색 파카를 입은 한눈에 봐도 푸근해 보이는 인상의 중년 신사가 황급히 택시 차창을 두드렸다.

"인천 가요?"

"아, 예…."

아침부터 운이 좋았다. 장거리 손님을 태우면 수입이 쏠쏠하니까. 하지만 한서의 얼굴엔 무언지 모를 아쉬움이 스치며 그리 밝아 보이지 않았다. 내심 강원도 방향으로 가는 손님을 태웠으면 하는 바람을 가졌던 게 분명했다.

"출장 가시나 보네요?"

출발한 지 얼마쯤 지났을까. 한서는 적막한 택시 안의 분위기를 전환해 볼 요량으로 손님에게 말을 건넸다.

"출장 가는 게 아니라, 출장을 다녀왔지. 아이 피곤타~."

한서는 다짜고짜 반말하는 손님 때문에 순간 불쾌했지만, 대들고 싶은 마음을 애써 누르면서 예의 친절한 택시 기사가 되기를 자처했다.

"아, 예···. 그러면 좀 주무세요. 댁까지 안전하게 모실 테니."
"피곤해도 잠이 와야 말이지···."

한서는 중년 신사의 뾰로통한 대꾸에 더는 말을 섞고 싶지도 않아, 그냥 운전에나 집중해야겠다고 생각했다. 하지만 자신이 중후해 보이는 겉모습과 다르게 수다스러운 그의 아재 본성을 깨웠음을 인지하는 데는 그리 오래 걸리지 않았다.

"이거 하면 한 달에 얼마나 버나? 별로 못 벌지? 이제 보니까 개인택시도 아니네. 사납금인가 뭔가 그건 얼마나 돼?"

한서는 그를 괜히 건드렸나 싶어 후회가 밀려들었지만, 졸음이라도 쫓자는 생각에 운명을 받아들이기로 마음먹었다.

"출장 가서 무슨 안 좋은 일이라도 있으셨어요?"
"이번에도 300이나 깨졌어. 엊그제 강원랜드 갔다가 새벽 첫차

타고 왔거든.”

‘강. 원. 랜. 드…?’

한서는 ‘강원랜드’라는 단어에 눈이 번쩍 뜨여, 짝사랑하는 선생
님에게 속마음을 들킨 사춘기 소년처럼 수줍게 질문을 이었다.

“게임하셨나 봐요?”

“그럼, 강원랜드에 노름하러 가지 운동하러 갔겠어?”

“어휴~ 그런데 300이나 잃으신 거예요?”

한서는 감옥에서 막 풀려난 독립투사 동지라도 만난 양 반가운
마음이 들었다. 덕분에 택시가 서인천 톨게이트를 지날 때까지 둘
의 수다는 좀처럼 끊이지 않았다. 그렇게 목적지에 도착하기까지
의 2시간여 동안, 한서는 중년 신사를 통해 룰렛이나 환전은 물론
카지노 안에서 벌어지는 다양한 일에 관한 궁금증을 많이 해소할
수 있었다.

비록 천운으로 결과는 좋았지만 룰렛의 숫자에 한 번에 10만 원
을 베팅한 것은 ‘미친 짓’이었다는 걸, 또 돈을 많이 따더라도 그 누
구도 빼앗아 가지 않는다는 것도 알게 되었다.

중년 신사의 이야기를 듣다 보니, 360만 원의 행운을 거머쥐었
던 그 짜릿했던 순간이 방금 전 일처럼 느껴지며 아드레날린이 한
서의 온몸을 휘감았다.

"그런데 말이야… 그 여자, 참 아쉽다."

목적지에 거의 다다랐을 때, 중년 신사가 마른 침까지 꿀꺽 삼키며 '그 여자' 얘기를 꺼냈다.

"아쉽다니요, 뭐가요?"
"아니~ 자기도 생각해 봐. 새파랗게 젊은 여자가 멀쩡한 대낮에 택시 타고 강원랜드에 간다? 그럴 정도면 거의 중독 직전이라고 봐도 무방하거든."
"주… 중독이요?"
"그럼~ 중독이지 뭐겠어. 도박 중독! 내가 자기 같았으면 옆에서 오링 날 때까지(올인all-in에서 유래한 말로, 도박판에서 돈을 모두 걸어서 바닥난 상태를 뜻함) 기다렸다가 노랭이 한두어 개 쥐어주고 호텔방으로 바로 직행했을 텐데…. 아쉽다, 아쉬워~."
"예? 에이, 그 여자 그런 여자 아니에요!"

한서가 갑자기 발끈했다. 하지만 자신도 순간 왜 그렇게 화가 났는지 이유를 알 수 없었다. 아직까지도 누군지 모르는 그날 처음 본 여자였지만, 왠지 그녀를 보호하고 싶은 마음이 저 밑에 숨어 있었던 모양이었다.

"아니~ 이 사람! 내가 거의 2시간을 쉬지도 않고 강원랜드 특강을 해줬는데, 아직도 거기가 어떤 곳인지 이해를 못 하네?"

"예?"

목소리를 높이는 중년 신사 쪽을 힐끗 바라본 한서의 눈에 그의 검은색 파카에 새겨진 브랜드 문양이 들어왔다. 며칠 전 여자의 새하얀 패딩의 문양과 같은 것이었다.

"그런데, 그런 파카가 요즘 유행인가 봐요? 그 여자도 손님과 비슷한 거 입고 있었는데…. 따뜻하게 보이는데 그거 어디서 샀어요?"

"이거? 몽클? 몰라, 이거? 젊은 사람이 이렇게 패션 감각이 소박해서야~. 하긴 회사 택시 운전해서는 이런 옷 사 입기 힘들지. 이거 엄청 비싼 거거든…. 보통 200~300은 줘야 하는데."

"예? 점퍼 하나가 200만~300만 원이라고요? 이야~."

한서는 자신이 살아왔던 곳과는 다른 세상의 물가에 적지 않게 놀랐다.

"젊은 여자가 이런 비싼 옷을 입고 다닌다면 씀씀이가 헤픈 거고, 도박 중독까지 됐다면 백퍼야, 백퍼! 거기서는 오링 나고 몸 파는 건 흔하디 흔한 일이라고. 간, 콩팥까지 다 팔아 베팅하는 게 도박판이지. 게다가 예쁘다며? 그럼 백~퍼야, 백퍼!"

중년 신사는 거스름돈을 사양하며 택시에서 내렸다. 그가 내린 지 한참 지났는데도 한서의 머릿속에는 며칠 전 아름다웠던 그녀의 모습이 계속 맴돌았다.

'도박 중독……이라고? 그… 천사가?'

4

바람의 언덕
(한서 이야기)

그녀는 천사가 아니었다.

그년은 천사의 탈을 쓴 악마였다.

나는 아직 피가 흥건한 거즈를 살짝 들추어 보았다. 배꼽 아래쪽
으로 거친 수술 자국이 선명히 보였다. 제대로 아물려면 며칠은 더
이 답답하고 축축한 여관방 신세를 져야 할 것 같다. 어두운 방 안
에서 유일하게 할 수 있는 일 그리고 꼭 해야만 하는 일은, 지금까
지 사라져 버린 돈이 얼마인지를 세는 것뿐이다. 얼마인지 정확히
기억하고 있어야 되찾을 수 있을 것 같아서다.

'5,300, 7,200, 1억 2,000 … 1억 2,000 … 1억 2,000!'

태어나서 한 번도 본 적도 없고 만져본 적도 없는 1억 2,000만

원이라는 돈이, 바로 내가 지난 반년 동안 강원랜드 도박판에 갖다 바친 돈이다. 물론 그중 온전히 진짜 내 돈이라고 할 수 있는 건 일부에 지나지 않지만.

흔히 말하듯 먹을 것 못 먹고 입을 것 못 입고 새벽부터 다음 날 새벽까지 택시를 몰며 5년간 모았던 7,000만 원이 진짜 내 돈이고, 나머지는 모두 빚이다. 그 빚에는 어머니의 암 보험 해약금과 지금 전당포 앞마당에 주차된 회사 소유 택시도 포함된다. 아니, 이제 생각해 보니, 하나가 더 있다.

나는 이제 콩팥이 하나뿐이다.

화장실에 자주 가야 하는 것 외에 사는 데 큰 불편은 없을 거라던 의사의 조언이 사실이 아니라는 것쯤은 알고 있었다. 그러나 이렇게 아프고 쓰라리고 비참할 거라고는 상상도 못 했다.

누구인지도 모를 환자에게 새 생명의 기회를 주고 내 손에 쥐어진 돈은 단돈 500만 원. 그뿐이다. 이것마저 사라져 버린다면, 더 많은 이에게 새 생명의 기회를 주면서 깔끔하게 이 세상을 떠나겠노라 마음먹었다. 하지만 대리석처럼 견고한 의지와는 달리, 좀처럼 몸이 움직여지질 않는다. 소주를 병째로 연거푸 들이켰지만, 그럴수록 정신은 더욱 말짱해졌다.

불과 몇 달 전, 우연히 만났던 그녀. 바로 그 악마가 내 오랜 회계사의 꿈도, 단란한 가정을 꾸리고 평범하게 살고 싶다는 소박한 바람도 송두리째 앗아가 버렸다. 하지만 어찌 된 일인지, 그 악마가 미치도록 보고 싶다.

악마임이 분명한데도 마지막으로 한 번만 더 만나고 싶다.

그렇다. 천운으로 거머쥔 360만 원의 행운이 1억 2,000만 원의 재앙으로 바뀐 것이 꼭 그녀 때문이라고는 할 수 없을 것이다. 하지만 그렇다고 믿는 것이 신기하게도 작은 위안이 되었다.

그날 동서울터미널에 가지만 않았더라면, 그 여자가 내 택시에 타지만 않았더라면, 그 여자가 휴대폰을 두고 내리지만 않았더라면, 하는 온갖 후회들로 머리가 아파오기 시작했다. 내 머릿속 그녀는 여전히 아름다운 천사의 모습인데, 지금 내 처지는 비참한 지옥 그 자체다.

◆ ◆ ◆

며칠 후.

아직 몸이 성치 않지만, 마지막 결전을 위해서는 뭔가 그럴듯한 의식이라도 치르고 싶었다. 멀쩡한 카지노 셔틀버스를 뒤로하고, 나는 여관이 있는 사북역에서 강원랜드 카지노까지 걸어가 보기로 했다.

많이 낡기는 했어도, 지난 5년간 내 몸같이 다루던 택시로 가면 5분이면 넉넉하게 도착할 그 짧은 거리가 5만 년이 걸릴 것처럼 아득하게 느껴졌다. 날 선 바람이 얇은 외투 안 수술한 상처 틈새를 매섭게 헤집고 들어왔다.

'바로 이 느낌이야…. 이 느낌을 절대로 잊어선 안 돼.'

정신 나간 주술사처럼 같은 말을 몇 번이고 반복했다. 그런다고 고통이 사라질 리 없을 텐데 희한하게 효과가 있었다.

바람의 언덕. 강원랜드로 향하는 길목에 '바람의 언덕'이라고 명패가 붙은 주차장이 보였다.

'여기가 바람의 언덕인가 보군.'

지난 6개월 동안 수없이 왔다 갔다를 반복하던 곳이었지만, 그날따라 낯설게 느껴졌다.

"바람처럼 왔다가 구름처럼 갈 순 없잖아…. 내가 산 흔적일랑 남겨 둬야지……'

나도 모르게 '킬리만자로의 표범'을 흥얼거렸다. 그러다 문득 깨달았다.

'그러고 보니 여기가 바람의 언덕 주차장이고, 저 위쪽이 구름 주차장이네?'

무언가 대단한 것이라도 발견한 것처럼 신기했지만, 지금의 이 비참한 상황에는 전혀 어울리지 않는다는 걸 깨닫고는 다시 우울 모드로 접어들었다.

'구름처럼이 아니라 이슬처럼이었던가? 이제 정말 슬슬 미쳐가기 시작하는군.'

그날 이후로 '킬리만자로의 표범'을 부를 때마다 항상 '이슬'을 '구름'으로 바꾸어 부르는 버릇이 생겼다.

5

다시 만나다
(다영 이야기)

그해 겨울은 유난히 눈이 많이 내렸다.

내가 그 택시 기사를 처음 만났던 날에도 하얀 눈이 길가에 늘어선 나무들을 하얗게 뒤덮고 있었다. 시골 교회 크리스마스트리 위에 무심히 얹힌 탈지면 같았다.

그날 강원랜드로 가는 사북행 버스를 놓쳐서 발을 동동 굴렸던 기억이 생생하다. 나는 전선 위의 참새처럼 줄지어 대기 중이던 수많은 택시 중에서 그가 타고 있던 바로 그 택시의 문을 열었다.

운전석에서 우유를 마시고 있다가 나와 눈을 마주친 그가, 목구멍으로 우유가 왈칵 넘어갔는지 캑캑거렸다. 귓불을 붉히며 황급히 휴지를 찾던 그는 천진난만한 소년 같았다.

그런데… 지금 그가…

내 앞에… 앉아 있다.

벌써 1년 전 일인데, 한눈에 봐도 그때 그 택시 기사가 틀림없
었다.

'이 사람이 왜 여기에……?'

순간 인공지능으로도 따라올 수 없다는 여자의 육감이 풀가동
되기 시작했다. 1년 전 그날, 택시에 두고 내린 내 휴대폰을 들고
서 있는 그를 다시 만났을 때, 구세주라도 만난 것처럼 반가웠다.

"저 때문에 지금까지 기다리신 거예요? 죄송해서 어떡해요?"
"괜찮아요. 서울 올라갈 손님을 태워 가야 해서… 어차피 기다
렸다 가려고 했어요."
"아, 그럼 다행이네요."
"그럼, 좋은 시간 보내세요!"

도망치듯 주차장으로 향하는 그의 뒷모습은 분명 1시간 전 수줍
음 많던 소년의 모습이 아니었다. 구름 위에 앉아 있는 듯 상기된
표정. 그사이 그에게 무슨 특별한 일이 일어났음을 직감적으로 알
수 있었다.
그가 시야에서 사라질 때까지 한참을 보다가, 나는 고개를 돌려

건물 입구 쪽으로 시선을 돌렸다. 화려하게 빛나는 카지노의 익숙한 풍경이었다.

'서…… 설마…?'

그의 마지막 뒷모습은 나에게 트라우마로 남은 어린 시절 아빠의 뒷모습과 많이 닮아 있었다. 너무나 싫었던, 항상 뜬구름을 쫓던 노름꾼의 그 뒷모습 말이다. 직업적 본능을 발동해 그의 행동을 분석해 보면, 올가미에 걸려든 하이에나가 분명해 보였다.

정신을 차리고 현재 내 앞에 있는 그를 똑바로 보았다. 나는 배경 설명도 없이 다짜고짜 궁금한 것부터 물었다.

"그때 그 택시…… 맞죠?"

나를 보고는 놀란 입을 다물지 못하는 것으로 볼 때, 그 역시 나를 기억하고 있는 게 분명했다.

"그날… 그때가, 시작이었나요?"

그는 반가움인지 씁쓸함인지 모를 미소를 지으며 천천히 고개를 끄덕였다. 아닐 거라고 그럴 리 없다고 속으로 되뇌고 있었지만, 그의 끄덕임에 모든 것이 명백해졌다. 이 사람이 지금 내 앞에 앉게 된 것은, 모두 내 잘못이다.

"도대체… 그동안 무슨 일이 있었던 거예요?"

그는 담담한 어조로 자신이 겪은 이야기를 하나둘 풀어 놓기 시
작했고, 나는 그의 이야기 중 어느 것 하나도 놓치지 않으려고 애
썼다. 첫 승리의 기쁨, 도박 빚, 장기 매매, 자살 시도 등, 늘 들어왔
던 레퍼토리 그대로였다.

"한 번만 더 만날 수 있으면 좋겠다고 생각했는데…. 대가가 너
무 크긴 했지만."

그의 갑작스럽고 담담한 고백에 어이없게도 웃음이 터져 나왔
다. 잠시 머뭇하던 그 역시 나를 따라 웃었다.
그렇게 그와 다시 만났다.

6

치료가 불가능한

한서가 그녀를 다시 만난 건, 진부한 표현이긴 해도 '운명'이라
는 말 외에는 달리 표현할 적당한 단어가 없었다. 삶의 목적과 의
미를 모두 잃어버린 채, 지푸라기라도 잡겠다는 심정으로 찾아간
정신과 병원에서 그녀를 만난 것이다.

한서는 지난 1년간 자신이 겪은 일들을 마치 신부에게 고해성사
하듯 하나도 빼놓지 않고 그녀에게 털어놓았다.

정신건강의학과 전문의, 한다영.

그녀의 왼쪽 가슴에 달린 흰색 명찰에는 검정 글씨로 그렇게 적
혀 있었다. 한서가 다영을 처음 만났을 때도, 그녀는 지금 입고 있
는 의사 가운처럼 새하얀 패딩을 입고 있었다.

한서는 다시 만난 그녀가 차라리 자신처럼 찌들대로 찌든 도박 중독자였다면 나았겠다는 생각이 들었다. 그래서 처음 만났던 그날 다영이 급히 강원랜드로 향했던 것은 '도박 중독 예방과 관련된 세미나'에서 발표할 자료를 얻기 위해서였다는 이야기가 달갑게 들리지 않았다.

도박 중독자가 되어 정신과 치료까지 받으러 온 지금, 한서는 그녀 앞에서 자신이 한없이 작아 보일 수밖에 없었다. 하지만 어차피 다영은 가난한 택시 기사의 신분으로는 감히 넘볼 수도 없는, 말 그대로 지성과 미모를 겸비한 의사였다. 차라리 그렇게 생각하니 조금 위안이 되었다.

'지금의 내가 그토록 꿈꾸던 회계사 신분이었더라면… 그랬다면 이 여자와 잘될 수도 있지 않았을까?'

덧없는 후회가 한서의 머릿속을 어지럽혔다.

"지금부터 제가 하는 말 잘 들으세요."

그를 호칭할 적당한 말이 떠오르지 않았는지, 다영은 잠시 진료 차트를 흘깃 본 뒤 말을 이었다.

"유한서 씨… 제가 당신을 1년 전 그때의 모습으로 되돌려 드릴게요."

한서는 갑작스러운 다영의 제안이 무슨 말인지 도통 이해할 수 없었다. 하지만 죽기 전에 한 번만이라도 만나길 바랐을 정도로 보고 싶었던 그녀와 무언가를 약속한다는 것만으로도 좋았다.

"딱 하나만 약속해 줘요. 죽을힘을 다해, 최선을 다하겠다고."

한서는 고개를 끄덕였다. 한편으론 '도박 중독으로 정신과 진료를 받게 되면 다 이런 식으로 하는 걸까?' 하는 생각도 들었다. 잠시 후, 아직도 어리둥절해하고 있는 한서의 시야에 그날 한서의 운명을 바꾸어 놓았던 흰색 가죽 케이스의 휴대폰이 들어왔다.

"아저씨…… 그동안 잘 지내셨죠?"

다영은 진료실 한편에서 누군가에게 전화를 걸었다. 한서는 누구일지 궁금해 귀를 쫑긋 세웠다.

"무엇이 됐든… 도와주시겠다고 약속하셨었죠?"

휴대폰 너머의 상대 목소리를 들을 수 없었기에, 한서는 다영이 누군가에게 진중하고 절실하게 무언가를 부탁하고 있다는 것 정도만 간신히 추측할 뿐, 그 내용까지는 알 수 없었다. 얼마쯤 지났을까. 통화를 마치고 돌아온 다영은 의연하고도 굳은 표정으로 한서를 잠시 바라보는가 싶더니, 큰 계약을 성공적으로 성사시키기라도 한 듯 이내 밝은 표정을 지었다.

다영은 이제부터 자신이 할 이야기가 적어도 일반적인 정신과 의사가 보통의 도박 중독 환자에게 할 이야기는 아니라고 판단했는지, 의사 가운을 벗어 의자 팔걸이에 살짝 걸치고는 입을 뗐다.

"한서 씨의 인생을 망가뜨린……"

다영은 잠시 머뭇거렸다.

"엄밀히 말하자면, 제… 제가, 망가뜨린 건 아니잖아요?"

다영은 제발 자기 말에 동의해 달라는 듯, 한서를 보며 천천히 고개를 끄덕였다. 다영의 반강제적인 동의 요구에 한서는 저도 모르게 그녀를 따라 고개를 끄덕였다.

"아! 이게 좋겠네요. 한서 씨의 험난한 인생에… 아주 조금의 원인을 제공한 사람으로서……"

다영은 이제야 알맞은 표현을 찾아냈다는 듯 뿌듯해하며 말을 이었다. 예와 달리 다소 허둥대는 그녀의 모습이 오히려 예쁘고 사랑스러워 보였다.

"미안한 마음에 드리는 선물, 이라고 해두죠."

다영의 말에, 한서는 지금의 이 상황이 어떻게 흘러가는지 알 수 없어 어리둥절하기만 했다. 꿈속에서나 그리던 그녀가 갑자기 나타나 눈앞에 있는 것도 신기했지만, 그녀의 입술에서 쏟아져 나오는 이야기들도 하나같이 신기하기만 했다.

"저는 도박을 증오했어요. 의사가 돼서 도박으로 고통받고 있는 사람들을 무료로 돕고 있는 것도 그 이유 중 하나죠. 하지만 연구도 하고 치료도 하고 수많은 노력을 기울여 본 결과 내린 결론은, 도박 중독은 병이 아니라는 거였어요."
"벼… 병이 아니라고요?"

한서가 눈을 동그랗게 뜨며 물었다.

"예, 도박 중독은 병이 아니에요. 병이 아니기 때문에 당연히 치료도 불가능하죠. 도박을 할 때는 신경전달물질 중 하나인 도파민이 과다 분비돼서 뇌에 화학적 중독 작용을 일으킨다는 연구 결과가 있기는 하지만, 그것은 결과론적 변화일 뿐이라는 걸 알게 되었어요.”

“그… 그럼 저는 어떻게 해야 하는 거죠? 치료가 불가능하다
면…… 어떻게 1년 전 그때로 되돌아가게 해 주신다는 건가요?”

“저는 할 수 없지만, 그분이라면 할 수 있을 거예요.”

“그… 그분이요?”

알듯 말듯 의미심장한 미소가 다영의 미모를 더욱 매력적으로
만들고 있었다. 그런 다영을 바라보면서, 한서는 그녀와 함께라면
지옥 불이라도 견딜 수 있겠다고 생각했다. 그녀가 시키는 일이라
면 무엇이라도 할 수 있을 것 같았다.

7

싫증
(한서 이야기)

다영과 함께라면 무슨 일이든 할 수 있을 거라고 생각했다.

하지만 영화 속 한 장면 같던 감격스러운 재회 이후, 그녀를 못 본 지도 벌써 8개월이 되었다. 다영이 처방해 준 치료법이란 게 이런 건 줄 그때 알았더라면, 절대로 약속 같은 건 하지 않았을 것이다. 도박 중독 치료와 재기를 위해 내가 앉아 있는 곳은, 깊은 산속도 이름 모를 외딴섬도 아니다.

나는 지금……

강원랜드 블랙잭 테이블 앞에 앉아 있다.

어제도 그랬고, 그제도 그랬고 그리고 일주일 전에도 나는 거의 하루도 빠짐없이 거의 7개월 동안 이 테이블 앞에 앉아 있었다. 최선을 다하겠다고 한 그녀와의 약속만 아니었다면, 진즉에 그만두었을 이상한 처방이었다.

강원랜드가 있는 쪽으로는 오줌도 싸지 않겠노라 다짐했던 내가, 그래서 제 발로 도박 중독을 치료하고자 정신과까지 찾아갔던 내가, 지금은 의사와의 약속을 지키기 위해 강원랜드 도박판에 앉아 있다니 이게 과연 제대로 된 처방인가 싶다.

하지만 한 가지, 인정하지 않으려 해도 그럴 수 없는 확실한 효과가 하나 있었다. 손목을 자른다 해도, 콩팥까지 팔아 치우면서도, 그토록 앉고 싶었던 이 카지노 테이블 앞자리가 지금은 넌덜머리 나게 벗어나고 싶은 공간이 되었다는 것 말이다.

"베팅 안 하고 뭐~ 허냐? 집중허라니께~ 집중!"

질타 섞인 날카로운 목소리가 귓등을 때렸다.

장태삼. 그녀에게 전해 들은 그에 관한 이야기는 놀라움 그 자체였다. 한눈에도 그저 힘없는 늙은이로 보이는 그가 한때는 마카오를 주름잡던 전설의 도박사였다니. 사실 나는 처음부터 믿지 않았다. 단돈 100만 원으로 하룻밤에 3억 원을 땄다는 그의 무용담도 허풍처럼 느껴졌다.

"저 화장실 좀 다녀올게요."
"안 돼!"

단호하고 거침없는 말투였다.

"아, 그럼 그냥 여기서 싸요?"

고개를 끄덕이는 태삼의 모습에 나는 그냥 체념하고는, 앞에 놓인 초록색 칩 하나를 베팅구에 올렸다. 지난 3개월 동안 한두 번 겪은 일도 아니다. 나는 화장실에 가는 것까지 그의 허락을 받아야 했고 쉼 없이 게임을 해야 했다.

밥 먹는 시간 20분과 총 세 번의 화장실 가는 시간 5분씩을 제외하고, 나는 매일 10시간을 꼼짝 없이 이 블랙잭 테이블 앞에 붙어 있어야 했다. 다영의 처방 목표가 환자가 도박에 질리게 하는 것이었다면, 이미 성공한 셈이었다.

"도박이 재미있어질 때, 바로 그때가 지옥문이 열리는 순간이여~. 반대로 도박이 재미없어지는 순간, 바로 그때 천국문이 열리기 시작허지."

선문답 같은 태삼의 가르침이 현실이 되는 데는 한 달도 채 걸리지 않았다. 이제 정말… 도박이 재미없어진 것이다. 재미는커녕 지겹기만 했다.

"이제부터 불슈(게임에 사용되는 카드를 담고 차례대로 뽑을 수 있게

만들어진 게임 도구인 '슈shoe'에서 플레이어에게 유리한 카드들이 나오기
시작하는 것) 타이밍인데요?"

　나는 씩 웃으며 조심스레 태삼의 표정을 살폈다. 내 말에 동의한
다는 듯 그도 고개를 끄덕였다. 나는 눈치를 살피며 슬며시 초록색
칩 10개를 베팅구에 올려놓았다. 하지만 벼락과 같은 속도로 찌푸
려지는 태삼의 미간을 보고는 기겁해서 칩 3개만 남기고 나머지
모두를 제자리에 돌려놓았다.

　내가 정말로 좋은 기회라고 생각해서 베팅한 금액은 고작
3,000원이었다. 태삼이 정해준, 내가 한 판의 게임에 베팅할 수 있
는 최대 금액은 3,000원이었다. 이후 예상대로 '불슈'가 시작되었
고 내 앞에는 천 원짜리 초록색 칩이 수북하게 쌓여갔다. 하지만
그리 반가울 것도 없었다.

　지금까지 잃은 돈이 어림잡아 1억 원도 넘는 상황에서 이렇게
십 원짜리 경로당 할머니 고스톱만 치고 있으니, 코감기에 마스크
를 쓴 것처럼 답답하기 그지없었다. 어떤 날은 3만 원을 따기도 하
고 또 어떤 날은 5만 원을 잃기도 했다. 10시간 동안 최고로 많이
잃으면 5만 원, 또 최고로 많이 따도 5만 원 언저리에서 벗어나질
못했다. 그렇다 보니 말 그대로 지루할 만큼 도박이 재미없었다.

　호텔 방으로 돌아가는 엘리베이터 안에서, 나는 태삼에게 나직
이 물었다.

"이제 도박이 재미없어지는 경지에 올라도 한참은 올라온 것 같은데, 말씀하신 그 천국문은 언제 열리는 걸까요?"

태삼은 지그시 눈을 감을 뿐, 아무런 대답도 하지 않았다.

"이제 슬슬 다음 단계로 넘어가야 하지 않나 싶어요. 잃은 돈 찾게 해 주신다면서요. 이런 식으로 하다가는 '18년'도 더 걸릴 것 같은데요?"

순간 '18년'이란 단어에 너무 힘을 주었나 싶어서 태삼의 눈치를 살폈다. 엘리베이터가 23층에 도착할 때까지 아무 대답도 없던 그의 입에서 나온 대답은 내 예상과는 전혀 달랐다.

8

부모의 원수
(다영 이야기)

　도박은 병이 아니라는 태삼 아저씨의 말이 진실임을 깨달았을 때, 나는 엄청난 충격에 휩싸였다. 그것은 내 오랜 신념이자 바람이었던 일을 이루는 게 불가능하다는 걸 의미했기 때문이었다.

　의사가 되리라 결심하고 한 치의 망설임도 없이 정신의학과 전문의 과정을 선택했을 때도, 그 배경에는 노름꾼 아빠의 어두운 그림자가 깔려 있었다. 도박의 굴레에서 벗어나지 못하고 결국 파국으로 치달았던 아빠는 내가 이 일을 선택한 유일한 이유이자 목표의 시발점이었다. 홍콩 구룡섬 인근 바다에서 싸늘한 시체로 발견된 아빠의 모습은 처참했다.

　"신장, 간, 폐, 안구까지… 멀쩡하게 남아 있는 게 없어요. 아마도 심천 쪽 조직이 연루된 것 같아요. 도박 빚 때문이겠죠, 뭐…. 부검해 봤자 아무 소용이 없는데 괜히 귀찮게 생겼어요."

영안실 안, 검시관은 자신이 경찰에게 하는 광둥어를 내가 알아듣고 있을 거라고는 미처 생각지 못했을 것이다.

"그냥 최대한 빨리 화장시켜 주세요."

검시관이 놀란 건 내 유창한 광둥어 실력 때문이었다.

"아니, 그게 아니라…"

물론 나 역시 그 검시관과 같은 생각을 하고 있었다. 도박 귀신이 아빠를 데려간 거라고. 도박만 아니었으면 나도, 엄마도 어쩌면 행복하지 않았을까 생각하면서. 그런데 그렇게 철석같이 믿었던 내 생각에 조금씩 금이 가기 시작했다. '장태삼'이라는 본명보다 '마카오 샨'이라는 별명이 더 어울리는 아빠의 오랜 친구 태삼 아저씨를 만난 후부터였다.

"도박은 병이 아니여~. 병이라면 치료할 수 있었겠제. 인간의 욕심은 당연한 거여… 막을 수도 없고 막아지지도 않는 거."

차가운 바다에 하얀 가루로 변한 아빠의 마지막 한 줌을 뿌릴 때까지 쉬지 않고 흐느끼던 태삼 아저씨를 위로한 건 오히려 나였다.

그로부터 몇 년 후, 내 앞에 다시 나타난 태삼 아저씨의 모습은 이전과는 많이 달라 보였다. 고작 둘이서 남루한 아빠의 장례를 치른 뒤, 너무 배가 고프다며 내게 카우키(홍콩식 소고기 국수) 한 그릇만 사주면 안 되겠냐 물었던 지지리 궁상맞던 아저씨는 전혀 다른 사람이 되어 있었다. 손목에 번쩍이는 롤렉스 시계를 차고 검정 제네시스를 타고 나타난 그는, 노름꾼보다는 성공한 사업가에 더 가까워 보였다.

"내 몸처럼 중헌 친구가 저세상으로 가고 나니, 그제야 지정신이 들더라고…. 그라고 난 뒤 노력도 많이 혔지. 도박을 끊을 수는 없어도 잘할 수는 있다는 걸 깨달은 거여. 내가 이라고 사람 모양 허고 살게 된 것도 모두 다영이 느그 아부지 덕인 것 같다."

아빠에게 빌렸던 돈을 이제야 갚는 거라며 태삼 아저씨는 내게 봉투 하나를 건넸다. 그 안에는 '0'이 8개나 찍힌 수표 한 장과 짧은 메모가 그의 전화번호와 함께 들어 있었다.

지금은 내가 해줄 수 있는 게
이것밖에 없어 미안하다.
대신 언젠가 내 도움이 필요할 때
그게 무엇이 됐든 들어주겠노라 약속하마.

태삼 아저씨가 주고 간 돈은 내게는 굉장히 큰돈이었다. 시커먼 곰팡이와 동고동락하던 봉천동 지하 원룸에서 전망 좋은 서초동 오피스텔로 이사한 것도, 구형 모닝을 소나타로 바꾼 것도 그 돈 덕분이었다.

아빠의 목숨값이라고, 아빠가 도박에 빠진 데 태삼 아저씨도 한 몫했을 거라고 생각하며 한 푼도 아끼지 않고 과감하게 쓰리라 마음먹었다. 큰돈을 독한 마음으로 야무지게 쓰는 동안, 지금껏 한 번도 느끼지 못했던 기분 좋은 포만감? 어쩌면 행복일지 모르는 감정을 느꼈다.

난생처음 백화점 명품관에 들어가 300만 원이 넘는 패딩을 현금을 주고 사 입었다. 고등학교 시절 엄마가 사다 준 더플코트를 성인이 되어서까지 입고 다니던 나였다. 외롭고 쓸쓸하게 죽은 엄마를 대신해, 나는 이 악물고 헤프게 돈을 써댔다. 그런데 그 독기 품은 마음이 행복으로 연결되다니, 정말 아이러니했다.

돈의 힘은 그만큼 위대했다. 그리고 도박은 병이 아니라는, 인간의 욕심은 막을 수도 없지만 막아지지도 않는다는 태삼 아저씨의 말이 떠올랐다. 찰나, 한 가지 깨달음이 머리를 스쳤다.

엄마와 아빠를 죽게 만든 건 도박이 아니었음을,
그것은 돈이었음을….

9

욕심을 채우는 방법

　다영의 아빠이자 태삼의 절친한 친구였던 현곤은 가난한 군인이었다. 오랜 군 생활로 다져진 성실함으로 무장한 그였지만, 그것만으로는 사랑하는 가족의 생계를 이어가기에 빠듯했다. 아내에게 문제가 생기기 전까지만 해도, 그는 성실한 남편으로서 다정한 아빠로서 역할을 잘 해냈다.

　어느 날, 다영의 엄마에게 검은 그림자가 드리워졌다. 도파민이 형성되지 않아 뇌 기능에 장애가 발생하는 '선천성 대사효소결핍증'이라는 희소 질환이 발병한 것이다. 이 병의 유일한 치료법은 부족한 효소를 '쿠반정'이라는 약으로 보충하는 것이었는데, 쿠반정을 1시간이라도 늦게 먹으면 증세가 금세 악화되어 간질 환자처럼 몸에 경련이 일어났다. 혼자서는 일상생활이 불가능한 무서운 질병이었다.

문제는, 매일 먹어야 하는 이 약이 매우 비싸다는 점이었다. 희소 질환 약 중에서도 약값이 최고 수준이라, 건강보험을 적용해도 쿠반정은 1알당 5만 원에 육박해 하루 기준 4알 복용 시 하루 약값만 20만 원, 1개월이면 600만 원이 넘는 돈이 필요했다.

의사에게서 아내가 죽을 때까지 이 약을 복용해야 한다는 사실을 들은 현곤에겐 한 가지 사실이 분명해졌다. 그가 천직이라 생각했던 군인이라는 직업으로는 사랑하는 사람을 지킬 수 없다는 것.

그럼에도 불구하고 종국에는, 다영의 아빠도 엄마도 세상을 떠났다. 그녀의 엄마는 도파민이 형성되지 않는 병으로, 아빠는 도파민 과다 분비로 중독된 도박으로. 신의 장난인 걸까? 한쪽은 너무 부족했고 또 한쪽은 너무 넘쳤다는 게 문제의 원인이라는 게 아이러니했다.

다영은 그동안 아빠를 망가뜨린 건 도박이라고, 엄마와 자신의 삶을 피폐하게 만든 것도 도박이라고 생각했다. 하지만 그것이 아니었다. 도박은 아빠에게 있어 평범한 수입으로는 감당할 수 없는 결핍을 채우기 위한 수단에 불과했던 것이다. 그 수단을 잘 활용하지 못한 것이 실패의 원인이었을 뿐, 도박이 근본적인 원인은 아니었다. 그 원인을 좀 더 파고들어가 보면, 거기엔 돈에 대한 과도한 욕심이 있었다. 욕심이 화를 불러온 것.

그런데 현곤은 무엇을 욕심낸 걸까? 사랑하는 사람을 지키고 싶은, 어쩌면 아주 당연해 보이는 욕심이 아니었을까? 욕심내야 하고 욕심이 날 수밖에 없는 그런 것? 태삼으로부터 현곤이 도박을 시작할 수밖에 없었던 이유를 처음으로 세세히 들었을 때, 다영은 노름꾼의 구차한 변명일 뿐이라고 생각했다. 하지만 세월이 흘러 세상이 온통 돈으로 움직인다는 사실을 인지하고 난 후부터, 아빠를 향한 미움은 점점 옅어지고 새로운 깨달음이 찾아왔다.

돈이 있다고 반드시 행복한 건 아니지만,
돈이 없으면 절대로 행복할 수 없다는 것을.

◆ ◆ ◆

"한 선생님, 방금 이 방에서 나가신 남자 분요. 도박 중독 상태가 심하던가요?"

한서가 다영의 개인 진료실에서 나가자마자, 예약실의 정 간호사가 들어와 호들갑을 떨며 물었다. 투명한 피부에 귀여운 이목구비로 남자들에게 인기가 많은 그녀였다. 하지만 때론 지나친 호기심과 솔직함으로 다영을 당황시킨 적이 한두 번이 아니었다.

"왜… 그러시죠?"
"멋있긴…… 하잖아요."

다소 시무룩한 어조로 정 간호사가 대답했다. 도박 중독자들을 늘 한심하게 여기던 그녀가 한서를 두고 멋있다고 표현한 것이 신기해, 다영은 다시 물었다.

"그 사람이… 멋있어요?"

"네…. 우리 엄마가 이 세상에 남자는 세 종류밖에 없다고 했어요. 술 좋아하는 남자, 여자 좋아하는 남자, 도박하는 남자, 이렇게 셋. 그러니 그중에 도박하는 남자만 아니면 된다고 했는데… 이걸 어떡하죠? 저 방금 도박 중독자한테 한눈에 반했는걸요. 저분 잘생기지 않았어요?"

다영은 당황스러운 마음을 웃음으로밖에 표현할 수 없었다. 그러면서도 한편으로는 '그런 것 같기도 하네' 싶은 묘한 공감도 일었다.

그로부터 며칠이 흐른 뒤 한서가 다시 다영의 병원에 방문했을 때, 정 간호사가 한 말 때문이었는지 다영은 한서가 예전과는 조금 다르게 느껴졌다. 여자들이 한눈에 반할 만큼 훈남인 그가 자신을 좋아한다면? 상상하는 순간 얼굴이 달아오르는 것 같았다. 쓸데없는 상상이라 치부하면서, 다영은 환자를 위해 최선을 다하는 의사 본연의 모습으로 돌아왔다.

"도박을 하는 건 나쁜 짓인가요?"

다영이 한서에게 물었다. 느닷없는 질문이었다. 한서는 제대로 답하지 않으면 그녀의 정성 어린 심리 치료가 효과를 발휘하지 못할 것만 같아, 좀 더 신중하게 생각한 후 대답하기로 했다.

"나쁜 짓… 맞죠. 나쁜 짓이라고 생각해요."

한서는 자신이 대답을 잘했는지 확인하고 싶어, 조심스럽게 다영의 눈치를 살폈다.

"대한민국에는 '도박죄'라는 법이 있죠. 형법에 따르면 '재물로 도박을 함으로써 성립하는 범죄를 말하며, 국민의 근로정신과 공공의 미풍양속을 그 보호법익으로 한다'라고 명시되어 있어요."

도박죄에 관한 다영의 설명에, 한서는 자신이 대답을 잘한 것 같아 안도하며 옅은 미소를 지었다.

"또 대법원 판례에는 '도박죄를 처벌하는 이유는 정당한 근로에 의하지 아니한 재물의 취득을 처벌함으로써 경제에 관한 건전한 도덕법칙을 보호하는 데 있다'라고 되어 있고요."
"예……. 선생님은 역시 도박에 대해 많이 알고 계시네요."

한서는 다영에게 자신의 적극적인 치료 의지를 보여주고자, 적절한 타이밍에 추임새도 잊지 않았다.

"그리고 도박은 재물을 걸고 우연에 의하여 재물의 득실을 결정하는 것을 의미하는데, 여기서 우연이란 '주관적으로 당사자에 있어서 확실히 예견 또는 자유로이 지배할 수 없는 사실에 관하여 승패를 결정하는 것'이라고도 되어 있어요."

"그렇다면… 부동산 투자나 주식 투자도 도박 아닌가요?"

한서가 물었다. 계속해서 도박을 죄로 정의하는 다영의 설명을 듣다 보니, 그녀가 도박 중독자인 자신을 너무 몰아붙이는 것 같아서였다. 억울한 기분이 튀어나와 버린 것이다.

"도박죄를 만든 이유가 '국민의 근로정신을 보호'하기 위해서라면서요? 일하지 않고 얻는 불로소득 때문에 상대적 박탈감이 드는 사람들을 보호하려는 이유라면, 돈 많은 부자들이나 할 수 있는 부동산 투자와 저처럼 가난한 사람도 할 수 있는 도박 중에 어느 것이 그 '국민의 근로정신을 보호'하는 데 더 방해가… 될까요?"

한서는 욱하는 마음에 발끈하고선, 실수라고 느껴졌는지 말끝을 조금 흐렸다. 하지만 다영의 반응은 한서의 예상과 달랐다.

"맞아요, 바로 그거예요!"

다영의 말에 어리둥절해진 건 한서였다.

"다른 사람의 물건을 훔치는 일, 그러니까 '절도죄'는 법적인 테두리에서는 물론 도덕적인 측면에서도 '나쁜 짓'이에요. 그 이유의 핵심은 절도 행위는 다른 사람에게 피해를 준다는 점이죠. 하지만 도박은, 그러니까 적어도 카지노에서 하는 도박은 다른 사람에게 피해를 주지는 않잖아요."

한서는 다영의 이야기가 그럴듯하긴 했지만, 그녀의 진의를 한번에 이해할 수는 없었다. 그녀는 지금 도박이 죄가 아니라고, 나쁜 짓이 아니라고 말하고 있지 않은가. 도박 중독 환자에게 정신과 의사가 하는 말로 보기엔, 대단히 이상한 논리의 연속이었다.

"물론, 도박에 거는 판돈 때문에 범죄가 일어나는 경우가 있긴 하죠. 하지만 그렇다고 도박 행위 자체를 나쁜 짓이라고 할 수는 없어요. 사랑 때문에 사람을 죽였다고 해서, 사랑이 죄는 아니잖아…요?"

한서는 그제야 다영이 무슨 이야기를 하려는 것인지 감을 잡을 수 있었다. 도박은 병이 아니라던 그녀의 말과 일맥상통했기 때문이다. 동성애를 병으로 규정하는 것과 성 소수자들의 일반적이지 않은 성적 취향으로 규정하는 것에는 큰 차이가 있다. 같은 논리로, 도박을 범죄로 규정하는 것과 돈을 버는 수단 중 하나로 규정하는 것에도 큰 차이가 있었다.

"그런데… 이 세상은 왜 도박을 '해서는 안 될 나쁜 짓'이라고 할까요?"

다영이 다시 물었다. 한서는 자신이 엄청난 깨달음이란 목적지로 향하는 정류장에 서 있는 기분이 들었다. 그녀의 논리를 곱씹어 볼 겨를도 없이 다영이 말을 이었다.

"그건 아마도 '일반적 경험' 때문이 아닐까 생각했어요. 운동을 경험한 사람 중 대다수가 몸이 건강해졌기에 운동이 '좋은 짓'으로 각인된 것처럼, 도박을 경험한 사람 중 대다수가 큰돈을 날리고 삶이 피폐해지고 건강까지 잃었기에 도박이 '나쁜 짓'으로 각인되어 버린 거죠. 부동산 투자나 주식 투자도 마찬가지예요. 돈을 잃고 위험에 처해 본 사람들은 대개 투자를 투기로 치부하면서 저축만이 살길이라고 하니까요."

다영의 차분한 설명에, 한서는 망치로 머리를 꽝, 한 대 얻어맞은 기분이었다. 나쁜 짓을 하다가 돈을 잃은 것은 죽을 만큼 비참한 일이었다. 하지만 단지 돈을 벌려고 하다가 돈을 잃은 것은, 무언가를 시도하다 실패한 것에 지나지 않았다. 도박으로 돈을 잃은 것도, 사업이나 투자에 실패해서 돈을 잃은 것과 별반 다르지 않은 것이었다.

"만약, 도박에 대한 경험이 수익을 추구하는 일에 좋은 경험이 될 수 있다면 어떨까요? 리스크가 크긴 하지만 도박을 그냥 여러 가지 투자 수단 중 하나로 봐도 되지 않을까요? 대한민국은 도박을 형법으로 다스리면서 나쁜 짓으로 규정해 버렸고, 그 탓에 도박이라고 하면 무조건 금기시하죠. 그 근본적인 성질에 대해서는 생각조차 하지 않은 거예요."

한서는 혼란스러웠다. 다영이 하는 말이 틀리지 않았기에, 논리적으로 딱히 반박할 것이 없었기에, 오히려 더 머리가 복잡했다.

"그럼… 선생님, 이제 저는 어떡하죠? 병이 아니니 나을 수도 없고, 나쁜 짓도 아니니 그만둘 것도 없고…. 그냥 이대로 도박 중독자로 살아야 하는 건가요? 해결할 방법은 없는 거예요?"

도박이라는, 그토록 원망했던 대상이 일순간에 사라져 버리자 한서는 되레 절망스러웠다. 자신을 이렇게 비참하게 만든 건 도박이라며 핑계 대고 비난할 수 없어진 것이다. 다소 격앙된 한서의 목소리에, 다영은 의미심장한 표정을 지으며 천천히 입을 뗐다.

"물욕은 인간의 욕구 중에서 가장 강한 것이라고 하더군요. 그러니 방법은 단 하나뿐이에요. 물욕 때문에 벌어진 일은 물욕을 채워야만 해결할 수 있어요."

10

던져진 동전
(한서 이야기)

그녀는 도박은 나쁜 짓이 아니라고 말했다.

생각해 보니 일견 맞는 말이었다. 엄밀히 따져 보면, 나를 망하게 한 건 쉽게 돈을 벌고 싶다는 욕심이었지 도박이라는 수단이 아니었다. 만약 내가 주식 투자를 하다가 돈을 잃었다면? 지금 내가 처한 상황과 별다를 게 없을 것이다. 주식 투자에 몰두하는 것이 병이 아니듯, 도박 중독도 병이 아니었다.

다영은 내가 망한 이유가 돈을 잃어서라면, 잃은 돈을 되찾으면 문제가 해결되지 않겠느냐고 했다. 내가 미처 인지하지 못한, 어쩌면 아주 당연한 해결 방안이었다.

그녀의 처방은 단순하고도 명확했다.

돈 때문에 벌어진 일은
돈으로 해결해야 한다는 것.

　내가 1년 전의 나로 돌아가기 위해서 해야 할 일은 잃었던 돈을 되찾는 것이다. 하지만 다시 택시 운전을 하는 것도, 새로운 일을 시도하는 것도 지금의 나에게는 거의 불가능한 일이 되었다. 이제 손에 돈 비슷한 것만 쥐어져도 바로 이성을 잃고 카지노로 달려가기 바쁜 도박 중독자가 되었기 때문이다. 아침에 눈을 뜨면 도박 생각부터 난다. 그런 내가 무슨 수로 그 어마어마한 돈을 다시 벌 수 있겠는가.

　체념 섞인 나의 이 같은 질문에도 다영은 도박으로 잃은 삶은 다시 도박으로 되찾으면 된다고 했다. 의지만으로는 도저히 제어할 수 없는 나 자신에 실망한 지 오래된 내게, 그녀가 해준 말은 결국 할 수밖에 없다면 잘해야 한다는 것이었다. 도박을 중단하는 것이 불가능에 가깝다면, 유일한 해결책은 도박을 잘하는 방법을 찾는 것이 아니겠냐며. 이는 주식 투자로 돈을 잃었다면 잘해서 돈을 되찾을 수 있게, 주식 투자를 잘하도록 노력해야 하는 것과 같은 이치라고 했다.

　나는 늘 '도박은 운 좋은 놈이 먹는 거'라고 생각했다. 그런 내게 그녀의 이야기는 도무지 이해할 수 없는 것이었다. 그를 만나기 전까지는 말이다.

◆ ◆ ◆

장태삼. 고향이 전라도인 아버지와 경상도인 어머니 밑에서 충청도 토박이로 자랐다는 그는, 세 지역의 사투리가 기괴하게 조합된 말투를 썼다.

"니~ 내하고 동전 던지기 게임 한번 해 볼랑가?"

태삼이 내게 던진 첫 번째 질문이었다.
그는 내가 누군지, 왜 자신을 찾아왔는지, 무엇을 원하는지 그런 것들은 애초에 궁금하지 않은 것 같았다.

"말씀 많이 들었습니다. 저는 유한서라고 하고요… 나이는……"

그래도 통성명 정도는 해야 할 것 같아, 나는 어색하기 짝이 없는 자기소개를 시작했다. 하지만 그는 귀찮다는 듯 손을 이리저리 내저었다.

"노름꾼이 뭔 이름이 있어~. 노름꾼은 따는 놈과 잃는 놈밖에 없는 거여. 나같이 따는 놈 그리고 너맨치로 잃는 놈."

기분 나쁜 말이긴 했지만, 맞는 말이었다. 나는 자기소개는 일단

접어두는 편이 낫겠다고 판단하고, 그가 무슨 얘기를 하는지나 들어보자는 심정으로 그를 바라봤다.

"나가 동전을 던질 테니께~ 숫자가 나올지 새가 나올지 한번 맞혀 봐."

태삼은 오백 원짜리 동전 하나를 내 눈앞에 흔들어 보이고는 이렇게 말했다.

"새요."

나는 그의 질문이 채 끝나기도 전에 전광석화와 같은 속도로 대답했다. 노름꾼이 노름꾼한테 무엇을 어떻게 가르친다는 건지 조금이라도 빨리 알고 싶어서였다.

"아~따. 고민도 안 혀보고 바로 답하는구먼. 시원하긴 해서 좋네 그라~. 그럼 한번 던져보자고."

공중으로 빙그르르 돌며 떠오른 동전이 뉴턴의 사과처럼 곧바로 그의 손바닥 위에 떨어졌다. 잠시 후, 태삼이 손바닥을 펼쳤을 때, 새가 보였다.

"맞았네? 일단 측은 좋은 걸로 인정! 그럼 한 번 더 던져볼랑께 또 맞추는지 어디 한번 보자고! 이번엔 뭐가 나올까나?"

"새요!"

나는 아무 생각 없이 또다시 새를 외쳤다. 그런데 정말로 또다시 새가 나왔다.

"아따 고놈 촉이 이리도 좋은데 돈은 왜 그렇게 다 처날렸는지 모르겠구먼. 자, 한 번 더!"

"새요!"

나는 슬슬 귀찮아져 이번에도 그냥 아무 생각 없이 새를 선택했다. 그런데 신기하게도 정말 새가 나왔다.

"니 고만 하산해도 되겠다야~. 나는 더는 가르칠 것이 없는디?"

낄낄대는 태삼이 장난을 치는 것만 같아 나는 다소 기분이 상했다. 하지만 죽을힘을 다해 최선을 다하겠다고 한 다영과의 약속이 떠올라, 뭐가 됐든 끝까지 참아보리라 마음먹었다. "한서 씨가 성공한다면, 그건 곧 저의 성공이기도 해요." 그녀가 내게 한 말이었다. 그게 무엇을 의미하는지 완벽하게 이해할 수는 없었지만 그녀를 위해서라도 꼭 성공해야 한다는 사명감 비슷한 게 생겼다.

"자, 그럼~ 연습게임은 고만허고 이자 본게임에 들어가 보세나. 노름꾼헌티 판돈도 없이 내리 세 번이나 판을 돌리자 했으니 내가 좀 미안허고만 그려. 이번에는 뭘 좀 걸어봐야 쓰겄는디… 한 1,000만 원 정도면 어떨까?"

나는 깜짝 놀랐다. 갑자기 돈을 걸라니? 진담인지 농담인지 구분할 수 없어 잠시 멈칫했다. 당황스러워하는 내 표정에 눈치를 챘는지, 태삼은 그 특유의 말투로 비아냥대기 시작했다.

"왜 그러는 겨? 벌써 쫄은 겨? 쫄리면 뒈지시든가…. 방금 전까지만 해도 삼식이처럼 따박따박 대답도 잘 허드니만 이자는 어째 꿀 먹은 벙어리가 되아 부렀네? 그냥 여그서 포기여?"

별안간 그의 눈빛에 살기가 돌았다. 적어도 농담은 아닌 것 같았다. 나는 빠르게 계산을 시작했다. 태삼이 나를 시험해 보려는 게 분명했기 때문이다. 동전을 한 번 던져서 새가 나올 확률은 2분의 1, 즉 50%다. 두 번 연속해서 새가 나올 확률은 4분의 1. 25%로 줄어든다. 그리고 세 번 연속해서 또 새가 나올 확률은 8분의 1인 12.5%다. 그렇다면 네 번째에도 또 새가 나올 확률은? 16분의 1,

즉 6.25%다. 매우 희박한 확률이다. 그렇다면 이번에는 새가 아닌 숫자를 선택해야 하는 걸까?

아니다. 그건 착각에 불과하다.

지금 동전을 던져 새가 나올 확률은 그냥 2분의 1, 즉 50%일 뿐이다. 이전에 나온 동전의 앞뒤 여부가 이번에 나올 동전의 앞뒤를 결정하는 데 끼치는 영향은 제로에 가깝기 때문이다.

도박사의 오류.

바로 그거다. 태삼은 내가 '독립 시행 확률'에 대해 알고 있는지 확인해 보려는 게 분명했다. 대부분의 카지노 게임들은 이러한 독립 시행 확률의 착각을 일으켜 플레이어들에게 막연한 희망을 심는다. 룰렛 게임에서 열 번 연속 검은색이 나왔을 때 그다음엔 빨간색이 나올 가능성이 더 큰 것처럼 여기게 해, 큰돈을 베팅하게 만드는 식이다. 하지만 안타깝게도 열한 번째 게임에서 빨간색이 나올 가능성은 그냥 '50%'일 뿐이다.

5일 동안 연속해서 크게 하락한 주식이 6일 째엔 반등하지 않을까 막연하게 기대하게 되는 것도 비슷한 착각이라 할 수 있다.

"새요."

나의 단호한 결정에, 태삼의 눈빛도 약간은 흔들리는 것 같았다.

"세 번이나 새가 나왔는디 또 새라고라? 아따 고놈 지조 하나는 알아줘야 쓰겄구먼."

한 치의 망설임도 없이, 태삼은 동전을 공중으로 던졌다. 그리고 손바닥에 떨어진 동전을 확인하고자 천천히 쥐었던 손가락을 하나씩 펼쳤다. 나도 모르게, 침이 꼴깍 넘어갔다. 그런데 돌연 그가 멈칫하더니 매서운 눈빛으로 나를 쏘아보았다.

"근디 말이여, 니는 나가 누구 말마따나 빙다리 핫바지로 뵈는 겨? 니 처지는 나가 이미 얘기를 들어서 알고 있는디… 돈이 워딨어서 한 판에 천만 원짜리 노름을 하고 있는 겨?"

허를 찔린 터에 말문이 막힌 나는 아무 대답도 못 했다. 동전의 앞뒤 여부와 관계없이 내가 무일푼이라는 것이 팩트였다. 내 표정만 보고도 그는 내가 무슨 생각을 하고 있는지 알고 있는 듯했다.

"헌디 어쩌냐? 노름꾼이 도박판에 한 번 발을 디뎠으면 최소한 책임을 져야 한다는 것쯤은 알고 있겄제?"

위압적인 그의 태도에, 오기가 발동한 나는 고개를 끄덕였다.
이미 1억 2,000만 원을 잃은 터인데 거기에 1,000만 원을 더해 1억 3,000만 원을 잃는다 해도 도긴개긴이라는 생각이 들었다.

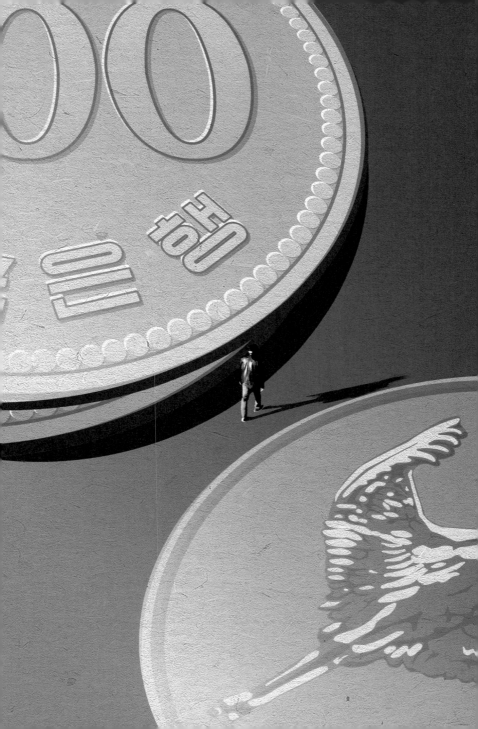

"고놈 깡은 있어 좋네. 그럼 계약은 성사된 거라 치고~ 만약 니놈이 지면 콩팥은 벌써 팔아먹었다고 했으니께…… 니 오른짝 눈깔 하나는 어뗘? 고거라면 천만 원짜리 담보로는 나쁠 것 같지 않은디."

태삼의 갑작스러운 제안에 얼굴이 벌겋게 달아오르는 느낌이었다. 도박을 하지 않으려고 찾아간 병원에서 꿈속의 그녀를 다시 만난 것도 신기한 일이었는데, 도박 때문에 망친 인생을 되찾으려고 찾아온 이곳에서 멀쩡한 눈까지 노름에 베팅하고 있으니 신기함 반 한심함 반, 오만 잡생각이 들었다.

하지만 내 복잡한 머릿속은 불과 1초도 지나지 않아, 초등학생의 억지 일기처럼 단순해졌다. 태삼의 손바닥 위에 '500'이라 새겨진 동전이 반짝, 빛났으니까.

나는 그만 온몸에 힘이 풀려 비틀거렸다.

"이자부터 니 오른짝 눈깔은 내 꺼다이~. 말 안 들믄 확 뽑아뻐릴랑께 그런 줄 알고 있어라이."

나를 조롱 섞인 눈빛으로 바라보던 그가 빙긋 웃으며 문을 열고 밖으로 나갔다.

11

결국엔 지는 게임

"그런데, 싸부님!"

한서가 자신의 머리 위에서 김이 모락모락 나는 수건을 걷으며, 태삼을 바라보았다. 사우나 안의 열기 탓인지 얼굴엔 땀이 송골송골 맺혀 있었다.

"아~따, 고새끼. 밖에서는 그렇게 부르지 말라니께 말 드럽게 안 들어 처먹네. 사람들이 쳐다보잖어~."

태삼이 주위 사람들을 의식하며 나지막이 한서를 나무랐다.

"싸부님을 싸부님이라고 부르지 그럼 장 씨! 뭐 이렇게 불러 드려요?”

“아무래도 안 되겠다. 아무래도 오늘이 니 오른짝 눈깔 뽑아뿌리는 날인 갑다.”

태삼의 등짝에 머리가 둘이나 달린 용 한 마리가 떡 하니 그려져 있던 탓인지, 그의 살벌한 협박에 주위에 앉아 있던 남자들이 흠칫 놀라 눈이 휘둥그레졌다. 그럼에도 한서는 여전히 능청스러운 미소를 유지하고 있었다. 한눈에도 많이 가까운 듯 보이는 둘.

“그때… 만약 또 새가 나왔으면 어떻게 하려고 하셨어요?”
“워쩌긴 워째? 완전히 새 돼뿌리는 거지.”

태삼의 농담에 한서가 꺽꺽 웃었다.

“한서야~ 앞으론 그런 도박은 절대로 해서는 안 된다는 거 꼬옥 명심혀라. 너는 그때 시작도 하기 전에 노름에서 진 거여.”
“그게 무슨 말씀이세요?”
“똑같은 1,000만 원이라도 삼성 이 씨헌티나 편의점 알바헌티나 같은 돈이겠냐? 돈 많은 나허고 빚쟁이 무일푼인 너하고 노름을 헌다는 것 자체가 무리수였던 거여. 그때 만약 나가 졌다면 나가 어떻게 했을 것 같냐?”
“‘아따! 니 촉 대단허다이~ 옛다 이거나 먹고 떨어져라’ 하면서

1,000만 원을 주셨겠죠."

한서가 태삼의 말투를 흉내 내자 태삼도 우스웠는지 빙긋이 미
소를 지었다.

"아니! 한 판 더 하자고 했겠제. 그라고 또 지면 또 하자고 했을
거고……. 너는 기회다 싶어 게임에 계속 응했을 것이고, 나는 걸
것이 더 있으니 계속해서 노름을 할 수 있었겠제. 하지만 넌 어뗐
냐? 남은 왼짝 눈 하나를 더 걸 수 있었겠냐? 거기서 끝이었제. 말
그대로 오링이 난다 그거여. 노름꾼이 오링이 나는 베팅을 한다는
거는 이미 지는 게임에 뛰어드는 거나 마찬가지여."

그의 말에 한서는 절로 고개가 끄덕여졌다. 태삼은 자리에서 일
어났다. 그리고 밖으로 나가려고 사우나 문고리를 잡은 그가 별안
간 고개를 돌려 한서를 보며 말했다.

"그라고 한서야~. 나는 그때 이미 새가 아니라는 걸 알고 있었
거든?"

눈을 동그랗게 뜬 한서가 어떻게 알았느냐고 묻듯 태삼을 올려
다 보았다.

"손꾸락 새를 요로코롬~ 살짝 벌려가지고 미리 다 봤걸랑. 새였으면 니는 돈이 없으니 이 게임은 무효라 했을 것이여."

도망치듯 사우나 밖으로 나가는 태삼을 보며, 한서는 어이없고 황망한 마음에 실소가 터져 나왔다.

12

져야 이기는 게임
(한서 이야기)

"니는 주 종목이 뭔 겨?"

태삼이 물었다.

"처음엔 룰렛만 했어요. 처음으로 돈을 딴 것도 룰렛이어서 왠지 운이 계속 따를 것 같다는 생각이 들어서……."

1년 전, 서른다섯 배의 배당은 내게 잊을 수 없는 승리였다. 10만 원을 걸어서 맞히면 360만 원이 된다. 만약 그 돈을 또다시 베팅해서 맞힐 수 있다면 1억 3,000만 원가량이 된다. 단돈 10만 원으로 단 두 번의 베팅에서 이기면, 내 잃어버린 삶을 되찾을 수 있다는 얘기다.

하지만 어찌 보면 이렇게 단순해 보이는 일도 현실에서는 잘 일어나지 않는다.

확률로 따지면 1,296분의 1.

물론 로또 1등에 당첨될 확률 814만 분의 1과 비교하면 엄청나게 높은 확률이라, 계속 도전해 보고 싶어진다. 이것이 바로 노름꾼이 도박에서 헤어 나오지 못하는 이유다.

어쩌면 가능할 것도 같은 확률, 어쩌면 내게는 일어날지도 모를 일이라는 생각이, 귀하디귀한 돈을 플라스틱 쪼가리인 칩으로 바꾸게 만드는 것이다. 나 역시 그 마법에 이끌려 그날도 어김없이 룰렛 게임을 했다.

테이블에 직접 베팅하는 룰렛은 게임 속도가 너무 느렸다. 반면 전자 룰렛은 게임 속도도 빠른 데다 다른 이의 눈치를 볼 필요도 없이 혼자만의 전략을 마음껏 펼칠 수 있었기에 나 같은 초짜 노름꾼에게는 안성맞춤이었다.

처음에는 베팅액의 한 배 혹은 두 배를 얻을 수 있는 사이드 게임만 했다. 하지만 욕심이 점점 커지면서 베팅액의 서른다섯 배를 얻을 수 있는 숫자 베팅에 마음이 끌렸다.

0에서 36까지의 숫자 중 하나에 베팅할 경우, 승률은 37분의 1, 즉 2.7%에 불과하다. 하지만 그 보잘것없는 확률이 적중했을 때의 쾌감과 그에 따른 보상은 그 어떤 카지노 게임보다도 강력했다.

다만 2.7%라는 승률이 말해 주듯 계속해서 37개의 숫자 중 하나에 베팅한다는 것은 그냥 카지노에 돈을 갖다 바치는 것과 다름이 없었다. 그렇다면, 승률을 좀 더 높이기 위해 37개의 숫자 중 숫자를 2개 선택한다면 어떨까? 승률이 두 배로 높아져 5.4%가 되지만 이 역시 매우 위험한 승률이라 하지 않을 수 없다.

나는 불현듯 카지노와 나의 상황을 바꾸어 놓으면 어떨까 하는 생각이 들었다. 카지노가 37개의 숫자 중 단 2개의 숫자에만 베팅하는 위험한 초보자가 되게끔 만드는 것이다. 방법이 있었다. 단 2개의 숫자만 빼고 모든 숫자에 베팅하는 것으로 가능했다. 이렇게 하면 내 승률은 94.6%에 육박한다.

마치 나 자신이 도박의 신이라도 된 것 같은 기분을 느끼며 나는 이 전략을 곧바로 실행에 옮겼다. 무작위로 선택한 2개의 숫자를 제외한 모든 숫자에 베팅하자, 94.6%의 승률이 보여주듯 연속으로 승리하기 시작했다.

하지만 아쉽게도, 베팅 투자금 대비 승리의 보상은 그리 크지 않았다. 나의 베팅액은 매번 35만 원인데, 승리할 때 얻는 보상은 항상 베팅액 포함 36만 원이었다. 결국 이기더라도 1만 원만 따게 되는 구조.

가랑비에 옷 젖는다고, 적은 금액이라도 계속 이길 수만 있다면 큰 수익도 만들 수 있을 거란 믿음으로 나는 인고의 게임을 이어갔다. 그렇게 28연승이라는 전무후무한 업적을 달성했다.

그런데 승리의 기쁨도 잠시, 얼마 지나지 않아 대형 사고가 터지고 말았다. 내가 비워 놓은 단 2개의 숫자 중 하나에 구슬이 또로록 굴러가서 멈춰 선 것이다. 나는 그 한 판의 게임에서 35만 원을 날렸고, 그때까지 힘들게 번 28만 원에 더해 추가로 7만 원의 손실을 봤다.

무엇이 잘못된 거지? 다시 한번 나의 전략을 곱씹어 보았다. 카지노와 내 상황을 바꾸어 놓았는데, 왜 내게 이처럼 불리한 상황이 만들어진 것일까? 단지 운이 나빠서였을까? 그 차이는 바로 승률 2.7%에 숨어 있었다.

카지노와 플레이어의 상황을 대등하게 만들려면 플레이어가 승리할 경우 서른다섯 배가 아닌 서른여섯 배의 수익을 지급했어야 한다. 즉, 플레이어가 37개의 숫자 중 단 하나의 숫자에 베팅할 경우, 곧 게임마다 플레이어의 1포인트를 얻기 위한 카지노의 승률은 37분의 36인 97.3%에 육박하지만, 나의 전략처럼 플레이어가 매 게임 1포인트를 얻기 위한 방법으로 베팅했을 때의 승률은 37분의 35인 94.5%였던 것이다. 이 경험을 통해 나는 한 가지 사실을 깨닫게 되었다.

룰렛 게임은 플레이어가 어떠한 전략을 펼치더라도
카지노 측이 유리하게 설계되었다.

이를 알게 된 후로 룰렛은 하지 않기로 했다. 1년간이나 카지노 게임에 빠졌었던 아인슈타인이 한 유명한 말이 있다. "룰렛으로

돈을 따는 유일한 방법은 딜러의 칩을 훔치는 것뿐이다." 그의 말
을 그냥 흘려들어서는 안 된다는 걸 확실히 알게 된 것이다.

"그랴? 그럼 이제 룰렛은 더는 안 헌단 말이냐?"

태삼이 내 생각에 동의한다는 듯 고개를 끄덕이며 물었다.

"예, 그래서 바카라를 시작했어요."
"바카라는 룰렛하고 다르더냐?"
"일단 룰렛보다 승률은 높았어요. 게다가 게임 속도가 훨씬 빨
랐죠. 물론 돈을 잃는 속도도… 그만큼 빠르긴 했지만요."
"바카라도 룰렛만큼은 아니어도, 플레이어에게 대단히 불리한
게임이여."
"어째서요? 혹시 뱅커 피 때문에 그렇다는 말씀이세요? 뱅커에
거느냐 플레이어에 거느냐는 결국 내 맘이고 뱅커 피야 땄을 때만
조금 떼어주는 거잖아요."
"니도 한번 생각을 혀 봐, 그냥 카드 2장씩 나눠 가지고 누가 이
기는지 승부를 보면 될 것을 왜 그라고 카드 1장 더 받는 순서를 복
잡허게 맨들었는지 말이여~. 그라고 니가 헌 말대로 뱅커에 걸지
플레이어에 걸지는, 니가 눈깔꺼정 날려 먹은 그 동전 던지기허고
뭐가 다르냐? 쪽? 중국점? 그림? 그런 것들은 다 헛말이여. 결국 다
운이란 말이여…. 니는 운이 그리 좋아서 요렇게 내 앞에 와 있다

생각허냐? 그런 운으로 도박은 무슨 도박이여!"

모두 맞는 말이었다.

하지만 모든 것이 운이라면 도박을 잘하는 방법을 배우러 온 내가 여기에 있을 이유가 무엇이란 말인가? 태삼은 내 눈빛만으로 이미 내가 무엇을 궁금해하는지 눈치챈 듯 보였다.

"니 내하고 게임 한 번 더 해 볼텨?"

나는 1초도 안 돼 고개를 가로저었다. 이미 눈깔 사건으로 겪었듯 전설의 도박사를 상대로 게임을 한다는 건 말 그대로 도박이었기 때문이다.

"허허~ 새끼, 이제 눈깔이 한 짝밖에 안 남아가 바짝 쫄아 부렀구먼. 니는 뭐 다른 거 걸 거라도 없냐?"

나는 다시 한번 강하게 고개를 저었다. 그런 내 모습이 재미있었는지 태삼은 기괴하다 싶을 정도로 이상한 특유의 코 고는 소리까지 내며 웃었다.

"허허, 알았다. 알았어~. 그럼 그냥 예를 들자. 만약 내가 니한테 카지노에서 노름을 하되 열 번을 베팅해서 모두 지면 1억을 주고,

만약 한 번이라도 이기면 1억을 받겠다고 허면, 허겄냐?"

　나는 곰곰이 생각했다. 지금껏 어떻게 하면 이길 수 있을지만 생각했지, 일부러 지는 방법에 대해서는 생각해 본 적이 없었기 때문이다.

　바카라의 경우 뱅커와 플레이어 중 어느 쪽이 승리할지 알 수 없기에, 패하는 것 역시 마음대로 할 수 없다. 룰렛 또한 어느 숫자든 한 숫자에 베팅하더라도 패할 확률이 37분의 36, 즉 97.3%에 가깝지만, 이 역시 패할 확률이 100%는 아니다.

　"바카라와 룰렛 모두 마음대로 이길 수 없지만, 마음대로 질 수도 없는데요? 그렇다면 당연히 안 해야죠, 그런 게임은…."

　나는 자신 있게 대답했다. 하지만 태삼은 의미심장한 미소를 지어 보이며 내게 말했다.

　"그랴? 나는 열 번이고 백 번이고 계속 질 수 있는디? 블랙잭(딜러와 플레이어가 2장 이상의 카드를 꺼내 그 합계를 21점에 가깝게 만들어 승부를 겨루는 게임)이라면 말이여."

13

자살할 확률

"블랙잭은 플레이어가 딜러보다 먼저 추가 카드를 받게 되니까 스스로 버스트bust(블랙잭 게임에서 카드의 합이 21점을 초과하는 상황으로, 플레이어가 버스트 되면 베팅액 전부를 잃게 되고, 딜러가 버스트 되면 플레이어가 자동으로 승리하고 플레이어의 베팅 금액을 돌려준다)가 되도록 계속해서 추가 카드를 받는다면 언제든 원하는 대로 게임에서 질 수 있다는 말이여."

태삼의 설명에, 한서도 블랙잭 게임은 가끔 해 봤기에 뭘 좀 안다는 듯 대꾸했다.

"블랙잭(처음 받은 2장의 카드가 에이스와 10(J · Q · K를 포함)으로 21점이 된 것)이 되면요? 그냥 바로 이겨 버리는 거잖아요!"

"워디 블랙잭 뜨면 히트hit(플레이어의 요청으로 카드를 1장 더 받는 것) 못 헌다는 법이라도 있냐? 사람들이 안 하니께 그냥 못 하는 건 줄 아나 보구먼? 나는 블랙잭 나왔는데도 따블 쳐서 먹으려다 히트해서 진 적도 많은디?"

한서는 그럴 수도 있구나 하면서 귀를 쫑긋 세웠다.

"플레이어의 의지로 100% 질 수 있는 모양새라는 것은 플레이어의 의지로 이길 수 있는 환경 역시 존재한다고 볼 수 있는 거제~. 어떤 사람들은 블랙잭을 바둑이나 장기, 체스처럼 선수의 능력에 따라 승률을 높일 수 있는 게임이라고 허지. 확률에 기초하지 않은 100% 우연으로 승패가 엇갈리는 게임이었다면, 실력 따위가 게임 결과에 영향을 미치는 일은 애초에 존재하지 않았을 것 아니겠냐? 나가 바카라로 돈 안 잃는 방법을 알려주랴?"

한서는 이제야 태삼이 뭔가 제대로 된 것을 가르쳐 주려나 보다 싶어, 격하게 고개를 끄덕였다.

"안 허는 거다."

한서는 태삼의 희괴한 사투리 억양에, 자신이 방금 뭘 잘못 알아들은 건가 싶어 그에게 되물었다.

"뭘…… 하는 거라고요?"

"안 허는 거라고, 이 빙신아~. 귓구녕이 막혔나 사람 말을 못 알아들어. 시방 내가 바카라로 돈을 따는 일은 없을 거라고 하지 않았냐? 운이 있어야 이기는 게임은 운이 없는 니 같은 놈들은 무조건 질 거라고…."

"에이… 무슨 말씀을 하시는 거예요? 하루에도 몇천씩 따 가는 사람을 내 눈으로 똑똑히 봤는데!"

"결국엔 다 잃는 거여. 니도 경험하지 않았냐? 처음에 360만 원 따 갔다며! 운으로…. 근디 그 돈 결국 어디로 갔냐? 다 잃었지? 그런 거여 바로. 잠시 잠깐 내 돈이 될 수는 있어도 결국엔 오링이란 말이여."

한서는 태삼의 말이 무슨 의미인지 알았다.

지난 1년간 강원랜드를 제집 드나들듯 하며 많은 사람을 알게 되었지만, 그중 돈을 땄다는 사람은 백에 한두 명뿐이었고 그 한두 명도 결국엔 같은 운명이 될 거라는 걸 모두 알고 있었다.

하지만 도박으로 잃은 돈을 도박으로 찾기 위해 이곳까지 온 그가 결국엔 패할 수밖에 없는 게임을 뭐 하러 배워야 하는가 하는 아주 합리적인 의문이 들기 시작했다.

"결국엔 오링이라면서 그럼 뭘 배우라는 건가요?"

"블랙잭이라면 가능허다."

"예?"

"블랙잭으로 종목을 갈아타라고! 아까 내가 입 아프게 계속 말했지 않냐? 실력으로 이길 수 있는 카지노 내의 유일한 게임이 바로 블랙잭이라고."

"그런데 블랙잭은 좀… 재미도 없고…….'"

"니 콩팥은 심심해서 팔아먹은 겨? 니 돈은 재미로 날려 먹었나 보구마잉? 노름판이 어데라고 재미를 찾는다냐? 니 아직도 정신 못 차렸나 보네?"

태삼의 천둥 같은 호통에 한서는 눈물이 찔끔 나왔다.

"아니, 그게 아니라… 제 말은, 블랙잭은 제가 잘 못하기도 하고…….'"

"그래서 가르쳐 준다는 거 아니냐?"

"바카라 하던 사람한테 블랙잭으로 종목을 바꾸라니요. 그건 축구 선수한테 골프를 치라는 것과 같은 거라니까요! 그냥 바카라로 가르쳐 주시면 안 돼……요?"

한서는 태삼이 무서워 말끝을 약간 흐렸다.

"니도 경험했겠지만 도박을 끊는다는 건 불가능에 가까운 일이여. 잠시 중단할 수는 있지만 언젠가는 다시 허게 될 거라는 말이

제. 하지만 종목을 바꾸는 건 그보다는 훨씬 쉬울 테니께 한번 혀
봐라. 카지노서 다른 게임 안 허고 블랙잭 게임만 한다는 건 그 자
체만으로도 니가 자살하게 될 확률을 절반은 줄이는 일이 될 테니
께 말이여."

14

초록색과 노란색

서로가 오래도록 기다렸던 만남이었다.

병원에서 재회한 후 정확히 1년이 지나서야, 한서와 다영은 다시 마주 앉을 수 있었다. 태삼의 혹독한 훈련 탓에 지난 1년간 한서는 가족과 친구는 물론 그 누구와도 만날 수 없었다.

"어때요? 이제 그때의 택시 기사로 돌아갈 수 있겠어요?"

다영이 반가움이 묻어나는 미소를 지으며 한서에게 물었다. 한서는 분명 달라져 있었다. 말끔한 옷차림에 한결 여유로워진 몸짓이 그 변화를 드러냈다.

"아니요, 선생님. 저더러 택시를 운전하던 그때로 다시 돌아가라면…… 죽을걸요, 아마."

농담이었지만 한편으로는 진담이었다.

"궁금해요. 아저씨가 도대체 뭘 어떻게 가르쳐 줬는지."
"도박으로 돈 버는 방법을 가르쳐 주셨죠."
"흥미로운데요? 그때, 한서 씨를 도울 수 있는 유일한 방법은 잃은 돈을 되찾아주는 것뿐이라고 생각했어요. 그래서 아저씨에게 부탁한 거고요."
"하하. 가장 확실한 처방이었어요."
"그 처방…… 다른 환자들한테도 통할까요?"
"그럼요!"

한서의 시원한 대답에 다영의 표정이 한결 밝아졌다.
다영이 태삼에게 한서를 보냈던 것은 일말의 책임감으로 인한 도움의 목적이 크긴 했다. 하지만 그녀에게 정신과 의사로서의 실험 욕구도 조금은 있었다는 것을 부정할 수 없었다.

"어떻게 하면 될까요? 처방은 제가 했지만, 구체적인 치료법은 모르거든요."
"궁금하세요?"

한서가 능글맞게 되묻자, 호기심 어린 눈빛으로 다영이 고개를 끄덕였다. 기회를 놓칠세라 한서가 냉큼 말을 이었다.

"그럼 이렇게 오랜만에 만났는데, 식사라도 좀 하면서 얘기하면 어떨까요? 생각보다 치료 과정이 복잡하고 험난했거든요."

그날 저녁, 근처 식당에서 식사를 마친 한서와 다영은 카페로 자리를 옮겨 자정이 가까운 시간까지 이야기를 나눴다. 한서가 들려주는 지난 1년간의 수련 과정은 그녀에게도 신나는 모험 후기처럼 느껴졌다.

"그래서요? 아저씨가 뭐라 그랬는데요?"

"그때까지 3,000원으로 제한되어 있던 맥시멈 베팅액을 30만 원까지로 풀어주셨어요. 어차피 강원랜드에서의 맥시멈 베팅액이 30만 원이니까, 하고 싶은 대로 해 보라는 뜻이었겠죠."

"그래서 어찌 됐어요? 막 다 땄어요?"

"조건이 하나 있었어요. 딱 한 달 동안만 기회를 주겠다는 거. 베팅 자금은 1,000만 원까지만 빌려주고, 그 한 달간 따는 돈은 모두 제가 가져도 좋다고 하셨죠."

"그래서… 한 달 만에 잃은 돈을 다 복구한 거예요? 1억 2,000만 원을요?"

"그렇게 쉽게 치료가 되면 누구나 다 완치하게요? 그 반대였어요…….그 한 달간 싸부님이 빌려준 1,000만 원을 모두 날렸어요. 복구는커녕 잃은 돈이 더 늘었죠."

"어머…….."

"이제 블랙잭 게임이라면 누구보다도 자신 있다고 생각했는데, 힘 한번 제대로 못 써보고 무너져 버린 거죠."

"욕심이 나서 열벳(주식 투자에서의 '뇌동매매'처럼 자신을 통제하지 못하고 위험하고 무리하게 베팅하는 것을 이르는 말)하셨나 보네요?"

"열벳이라는 말도 아세요?"

"왜 이러세요~. 저 도박중독예방센터의 자문위원이에요. 그 정도도 모를까 봐요?"

눈을 흘기며 어깨를 으쓱하는 다영의 모습이 한서 눈에는 귀엽고 예뻐 보였다.

"아, 예…….하지만 열벳은 안 했어요. 그래도 하드 트레이닝으로 1년 가까이 수련했는데 그 정도도 컨트롤 못 할 바보는 아니죠, 제가."

"그런데요?"

"천 원짜리 칩으로 하루에 5만 원 이상을 꾸준히 땄던 기억을 되살렸어요. 10시간 이상을 해도 최저임금에도 못 미치는 돈이었지만 일단 잃지 않고 계속해서 돈을 딸 수 있다는 게 신기했죠. 첫 몇 개월은 잃기도 하고 따기도 하고 들쑥날쑥이었지만 마지막 한 달

동안은 열 번 중 일곱 번은 5만 원 이상을 땄거든요. 그래서 계산을 했죠. 기본 베팅 1,000원으로 5만 원이면……."

"기본 베팅 10만 원이면 500만 원?"

마치 자기가 돈을 따기라도 한 것처럼 다영이 눈을 동그랗게 뜨며 한서에게 물었다.

"맞아요. 매일 500만 원씩 한 달이면 1억 5,000만 원. 그중 며칠은 패한다 해도 잃었던 돈을 복구하는 것이 가능하겠다 싶었죠."

"음…… 괜찮은 계획이었네요."

"아뇨, 전혀 괜찮지 않은 계획이었어요. 기본 베팅 1,000원으로 패를 기다릴 땐 그렇게 지루하고 재미가 없었는데, 막상 10만 원을 베팅해 놓으니 심장이 두근거리고 이게 막 다시 재미있어지기 시작했거든요."

"도박이 재미있을 때, 그 순간 지옥문이 열릴 것이다?"

다영이 말했다.

"어, 선생님도 아시네요? 맞아요. 싸부님이 해준 그 말이 무슨 뜻이었는지 그제야 알게 되었어요."

"지옥문이 열렸군요. 그럼 좀 재미없게 하지 그랬어요."

다영이 웃으며 농담조로 말했다.

"재미있는 걸 어떻게 재미없게 해요~."

한서 역시 웃으며 되받아쳤다.

"하긴······."

"문제는 베팅에 있었어요. 1,000원, 2,000원 베팅했다가 질 때는 별 느낌이 없었는데, 10만 원, 20만 원, 큰돈을 베팅했다가 지니까 심장이 벌렁거리고 혈압이 막 상승하는 느낌이 들었거든요. 택시를 운전할 때 10만 원을 벌려면 얼마나 개고생을 해야 했는데, 서울에서 강원도까지 한겨울 빙판길을 빡세게 운전해야 겨우 벌 수 있는 돈인데······ 뭐 이런 생각들이 막 나는 거예요."

한서의 말에 다영이 참았던 웃음을 터뜨렸다.

"그거··· 저 들으라고 하는 소리네요?"

다영의 말에 한서는 틀린 말은 아니라며 미소로 화답했다.

"하여튼, 플라스틱 조각에 불과한 칩 색깔이 달라졌을 뿐인데도 아깝고 괴롭다는 생각을 떨칠 수가 없더라고요."

"그래서 멘탈이 중요하다고 하잖아요. 십만 원짜리 노란색 칩을 천 원짜리 초록색 칩이라고 생각하면 어땠을까요?"

"노란색은 노란색이지 초록색이 아니잖아요. 싸부님은 항상, 도박판에 앉은 인간은 멘탈을 지키는 게 불가능하다고 말씀하셨어요. 칭찬을 들으면 기분이 좋고, 욕을 먹으면 기분 나쁜 게 인간 본성이라고요. 그걸 초월할 수 있다면 도박사가 아니라 부처가 될 수 있다고."

"하하, 맞네요. 저도 정신과 의사라서 이론은 많이 알지만, 제 감정도 스스로 컨트롤 못 할 때가 많은걸요."

"결국 한 달 동안 싸부님이 빌려준 1,000만 원을 모두 날리고 난 뒤에야, 더는 대들지 않겠다는 다짐을 했어요."

"재밌어요. 정말 흥미진진한데요?"

생기가 도는 다영의 눈동자를 보면서, 한서는 그녀가 자기 앞에 계속 있어만 준다면 죽기 전까지 쉬지 않고 이야기를 할 수도 있겠단 생각이 들었다.

그렇게 밤은 깊어가고 둘의 대화는 끝이 날 줄 몰랐다.

15

마법의 숫자
(한서 이야기)

"그래, 니 맘껏 베팅허니께 돈을 더 많이 따겠드냐?"

태삼은 돈을 잃고 돌아온 나를 향해 비아냥댔다. 놀리는 것인 줄은 알았지만 아무 대꾸도 할 수 없었다. 지난 1년간의 노력이 부질없는 일이었음을 스스로 증명했다는 것이 크나큰 충격이었다.

"이 빙신아, 아직도 모르겠어?"

그의 호통에 나는 그대로 기가 죽었다.

"니는 1,000만 원이 아니라 1억 원을 가졌어도 모두 날려 먹었을 거여. 또 돈이 생기면 뭐 하겠냐? 또 똑같은 일만 생기겠지."

그의 말대로라면 내가 어떻게 하든 결과는 지금과 다르지 않을 것이었다. 그렇다면 나에게는 방법이 없다는 절망적인 결론에 이르게 된다.

"노란색과 초록색은 엄연히 다른 거여. 초록색을 딸 수 있는 능력과 노란색을 딸 수 있는 능력은 다른 거라고 이 멍충헌 놈아. 그 능력의 차이가 뭐라고 생각하는 겨?"

알듯 말듯 깨달음의 목적지로 다가가고는 있었지만, 정답을 찾지 못하고 헤매고 있는 나였다.

"재산이 1,000억인 놈헌티는 십만 원짜리 노란색과 천 원짜리 초록색 칩이 다를 게 없겄지. 노란색으로도 초록색으로 했던 것처럼 똑같이 헐 수 있다는 거여. 하지만 너처럼 무일푼 빚쟁이 놈헌티는 초록색과 노란색이 같을 리 없지 않겄냐?"

그렇다. 나에게 10만 원은 큰돈이다. 예전에도 그랬고, 1억 원이 넘는 큰돈을 날린 지금도 여전히 10만 원은 내게 큰돈이다.

"도박판으로 가져가는 시드는 니가 가진 재산의 백분지 일을 넘어서는 안 되는 거여. 최대 베팅액 역시 니가 가져간 시드의 백분지 일을 넘어서는 안 되고. 그 이상의 베팅엔 파멸만 있을 뿐이여."

100분의 1? 내가 가진 전 재산이 1억 원이면 내가 쓸 수 있는 시드는 100만 원이 된다. 그리고 내가 베팅할 수 있는 최대 베팅액은 1만 원이다. 그걸 지금 말이라고 하는 건가? 나는 지금 1억 원 이상을 따야만 한다. 그래야 1년 전의 나로 돌아갈 수 있고, 그녀와의 약속도 지킬 수 있다. 최대 베팅액 1만 원으로 1억 원을 만드는 일이 불가능에 가깝다는 것쯤은 바보라도 알 것이다.

티끌 모아 티끌. 작은 시드로는 큰돈을 벌 수 없다.

"그럼, 애초에 불가능한 거였네요……. 잃은 돈을 되찾는다는 게."

절망감으로 몸 안에 한 가닥 남아 있던 힘마저 모두 빠져나가 버리는 듯했다. 태삼은 아무 대답도 없이 한동안 그런 나를 지그시 바라보고만 있었다.

"한때 회계사 공부까지 했다는 놈이, 셈은 영 젬병이구먼……."

더는 어떤 얘기도 듣고 싶지 않아 그대로 호텔 밖으로 나왔다. 왠지 모를 분노와 더 이상의 탈출구는 없다는 절망이 주위를 맴돌았다. 무작정 택시를 잡아타고 술집들이 늘어선 사북역으로 향했다. 술이라도 진탕 마시지 않으면 미칠 것만 같았다. 술에 취해 비틀거리며 사북 번화가를 하염없이 걸었다. 그때 전단지 한 장이 발에 치였다.

세븐저축은행 사북역 지점의 상품 안내지였다.

복리의 마법,

종잣돈 1억 만들기 정기 예금 특판!

귀신에라도 홀린 것처럼 나는 바닥에서 전단지를 주워 천천히
아래위로 훑었다.

'보… 복리의 마법?'

순간, 태삼의 말이 떠올랐다.

"한때 회계사 공부까지 했다는 놈이, 셈은 영 젬병이구먼……."

16

1,000만 원의 크기

의사와 환자의 만남이라고 보기에, 다영과 한서의 모습은 너무 다정해 보였다. 연인이라고 해도 어색할 것 없이 자연스럽게 어우러지는 둘은 불과 며칠 전보다도 훨씬 가까워진 것 같았다.

"복리의 마법이요?"

"예, 맞아요. 지금의 내 재산은… 그러니까 내가 베팅할 수 있는 돈은 적을 수밖에 없지만, 복리 시스템이라면 얘기가 달라져요."

한서의 대답에 다영의 궁금증은 더 커졌다.

"도박이 무슨 투자 상품도 아닌데, 복리 시스템이 웬 말이에요?"

"투자 상품이 아니라뇨, 선생님~. 도박도 충분히 투자가 될 수 있어요. 한번 생각해 볼까요? 1만 원을 가지고 '단 한 번의 투자로 수익률 100%', 그러니까 추가로 1만 원의 수익을 기대할 수 있는 투자 방법에는 뭐가 있을까요?"

흥미로운 이야기를 기대한다는 듯 다영이 테이블 위로 턱까지 괴고 당겨 앉자, 한서는 '이 여자, 귀여운 구석도 있네' 싶었다. 하지만 저도 모르게 붉어진 귓불을 들킬세라, 예의 스마트한 목소리 톤으로 말을 이었다.

"투자는 돈으로 돈을 버는 일이죠. 그렇다면 가장 기본적인 은행 예금에 투자해 볼까요? 우대 금리를 최대한으로 받더라도 연 4% 이상의 투자 수익을 내는 건 현시점 금리 환경에서는 불가능한 일이죠. 더는 계산할 필요도 없으니, 패스."
"패스!"

다영도 한서의 말을 따라 하며 추임새를 넣었다.

"다음으로 부동산에 투자해서 1만 원으로 1만 원의 수익을 내려면 어떻게 해야 할까요? 일단, 불가능하죠. 만 원짜리 아파트나 건물은 없을 테니까요. 그러니 패스."
"패스~!"
"그럼 이번엔 주식 투자로 1만 원의 수익을 내려면 어떻게 해야 할까요? 아주 운이 좋아서 상한가 종목에 투자했다고 해도, 상한가 수익률인 30%, 즉 3,000원이 한 번에 얻을 수 있는 수익의 맥시멈 이에요."

"하한가에 사서 상한가에 팔면요?"

다영이 주식 투자에 관해서는 좀 안다는 듯 되물었다.

"그런 신과 같은 재주를 발휘한다고 해도 86%, 즉 8,600원 정도 가 한 번의 투자로 얻을 수 있는 맥시멈 수익이죠."

"그러면, 패스!"

이번에는 다영이 한서의 말을 가로챘다.

"은행 예금, 부동산, 주식……. 우리가 일반적으로 알고 있는 투자 상품들은 안정성 측면에서는 도박과 비할 것이 아니지만, 도박 처럼 1만 원의 투자로 한 번에 1만 원 이상의 수익을 내기는 어려워요. 여기에서 알 수 있는 투자 상품으로서의 도박의 가치는 무엇일까요? 바로 '위험하기는 하지만 큰 수익률을 기대할 수 있다'라는 점이겠죠."

"오케이, 거기까지는 이해 완료! 그런데 그것과 복리의 마법이 무슨 연관이 있는 거죠?"

"복리는 중복된다는 뜻의 '복' 자와 이자를 의미하는 '리' 자가 합쳐진 단어예요. 말 그대로 이자에 이자가 붙는다는 뜻이죠. 싸부님의 말씀대로 내가 도박판에 가져갈 수 있는 돈이 내 재산의 100분의 1에 불과할 정도로 작다면 내가 베팅할 수 있는 금액은 천 원짜리 초록색 칩이 전부일 거예요."

"하지만 수익에 수익이 계속 더해지다 보면, 베팅 가능한 금액도 조금씩 늘어간다?"

"맞아요! 하하."

"그래도 한 번에 적어도 몇만 원 정도는 베팅할 수 있어야 하는데, 멘탈 때문에 그럴 수 없다는 건 달라지지 않잖아요."

"그렇죠. 그래서 시드 머니가 중요한 거예요. 한 번에 1,000원을 베팅해서 10만 원을 딸 수 있는 실력이 있다면 똑같이 1만 원을 베팅하면 100만 원을 딸 수 있어요. 하지만 제가 가진 시드 머니로 1,000원 이상을 베팅했다가는 멘탈이 무너져서 똑같은 실력을 발휘할 수 없겠죠. 그래서 방법은 단 하나뿐이에요."

"시드 머니를 늘리는 것?"

한서는 다영의 대답이 정답이라는 듯 고개를 끄덕이며 미소를 지었다.

"그런데 선생님, 여기서의 시드 머니는 도박을 할 수 있는 전체 금액만을 의미하는 것이 아니에요. 한 번에 1만 원을 베팅하더라도 멘탈의 동요가 없을 만한 자본력을 갖추고 있어야 한다는 뜻이죠. 만약 제가 10억 원이 있다면 1,000만 원을 카지노에 가져갈 수 있고, 그래야 1만 원 이상을 베팅해도 실력 발휘가 가능하다는 얘기가 되는 거죠. 전 재산이 1억 원인 사람에게 1,000만 원과 전 재산이 10억 원인 사람에게 1,000만 원은 전혀 다른 크기의 돈이라는 이야기예요."

차분하게 설명을 이어가는 한서를 보며, 다영은 태삼이 그녀에게 한 말을 다시 한번 상기했다. "도박을 끊을 수는 없지만, 잘할 수는 있다는 걸 깨달은 거여." 지금 다영의 앞에 앉아 있는 사내는 처음 만났을 때의 순박한 택시 기사가 아니었다. 그렇다고 1년 전, 병원에서 다시 만났던 도박에 찌든 노름꾼의 모습도 아니었다. 그에게서 예전과는 다른 여유로움과 자신감이 배어 나왔다.

"오케이, 거기까지도 이해했어요. 그렇다면 한서 씨의 다음 계획은 뭔가요?"

17

라스베가스를 떠나며

한서가 문제 해결의 실마리가 될 깨달음을 안고 호텔 방으로 돌아왔을 때, 태삼은 이미 떠난 뒤였다. 테이블 위에는 100만 원권 수표 한 장이 놓여 있었다. 태삼은 한서가 스스로 해답을 찾아내리란 걸 알고 있었던 모양이다.

다음 날. 한서는 카지노 안 은행에 들러, 태삼이 자신에게 남기고 간 수표를 모두 현금으로 교환했다. 그리고 곧바로 블랙잭 테이블로 걸어가 앉았다.

"100만 원 페이합니다!"

딜러가 능숙한 손놀림으로 5만 원권 지폐들을 부채꼴 모양으로 테이블 위에 쫙 펼쳤다. 잠시 후 딜러는 다시 십만 원짜리 노란색 칩 9개와 만 원짜리 검은색 칩 10개를 한서에게 밀어주었다.

하지만 어찌 된 일인지 한서는 노란색 칩을 다시 딜러 쪽으로 밀었다.

"초록색 칩으로요."

"10만 원을…… 다요?"

딜러가 귀찮다는 듯 물었다. 한서는 한 치의 망설임도 없이 고개를 끄덕였다. 잠시 후, 한서의 앞에는 초록색 칩 100개가 가지런히 놓였다.

"아~ 진상 제대로 나셨고만."

요란한 문신이 그대로 비치는 하얀 팔 토시의 사내가 심드렁한 표정으로 한서를 지켜보다가, 게임 시간을 지체시킨다며 시비를 걸었다. 한서는 그런 사내의 비아냥에도 여유로운 모습이었다. 한서의 무반응에 오히려 짜증이 났는지, 사내는 보란 듯이 십만 원짜리 노란색 칩 하나를 자신의 베팅구에 던지듯 올렸다. 한서도 아랑곳 않고 천 원짜리 초록색 칩 하나를 집어 들었다. 그러고는 마치 신의 한 수를 노리는 프로 바둑 기사의 손놀림처럼 강한 듯 부드럽게 자신의 베팅구 정중앙에 이를 살포시 올려놓았다.

그로부터 정확히 10시간 후, 칩 환전소 앞에 서 있는 한서.

지폐 계수기의 숫자가 빠르게 움직이더니 '1,100,000'에 정확히 멈춰 섰다. 씨익. 입술이 잠깐 길게 늘어지는가 싶더니, 한서는 망설임 없이 카지노 밖으로 향했다. 그 뒤에는 벌게 진 얼굴로 현금 자동인출기 앞에 서서 목덜미를 움켜잡고 있는 문신한 사내가 보였다. 연신 욕을 뱉어내는 걸로 보아, 돈을 꽤 잃은 듯 보였다.

5만 원권 지폐 다발을 주머니에 꽂아 넣는 한서와 현금 자동인출기의 숫자를 신경질적으로 눌러대는 사내.

"1억 원을 잃는 것보다는
1만 원을 얻는 게 더 가치 있는 거여."

태삼의 말을 떠올리며, 한서는 서울로 향하는 택시에 올라탔다.

도착한 곳은 강남의 한 대형 서점이었다. 몇 시간 후 한서의 손에는 회계 관련 서적들이 가득 들려 있었다. 그는 주머니에서 5만 원권 지폐 2장을 꺼내 이리저리 살피고는, 카지노 테이블 위에 베팅하듯 계산대 위에 이를 올렸다. 한서는 지금 당장 해야 할 일이 무엇인지 정확히 알고 있었다.

그것은 바로, 자본력을 키우는 것이었다.

18

택시 기사나 회사원이나

5년 후.

다영의 병원 앞 사거리 모퉁이에, 은색 벤츠 한 대가 천천히 멈춰 섰다. 운전석에 앉아 누군가에게 전화를 거는 군청색 정장에 보랏빛 넥타이를 맨 사내. 멀끔한 차림의 잘생긴 사내는 다름 아닌, 한서였다.

"다영 씨, 지금 병원 앞에 도착했거든요?"

분명히 그는 '다영 씨'라고 했다. 다영에게 줄곧 '선생님'이란 호칭을 써왔던 한서에게 있어 이 작은 변화는, 지난 5년간 둘 사이에 많은 일과 변화가 있었음을 암시했다. 잠시 후, 하늘거리는 푸른색 원피스를 예쁘게 차려입은 다영이 조수석 문을 덜컥 열었다. 별 볼

일 없던 택시 기사와 그의 운명을 송두리째 바꿔 버린 이름 모를 여인으로 만난 그날을 떠올리기에 충분한 장면이었다.

한서는 태삼이 떠나면서 마지막으로 남긴 메모대로 '가장 확실한 것에 먼저 베팅'하기로 마음먹었다. 도박으로 무조건 돈을 버는 실력을 갖추게 되자, 한서는 그다음으로 해야 할 가장 확실한 것이 그간 포기하고 있던 회계사에 도전하는 것임을 알게 되었다. 카지노에서 티끌만 한 돈으로 또 다른 티끌만큼의 돈을 만들 수 있게 되었으니, 그보다 큰돈으로 또 다른 큰돈을 만들어 내는 것이 그다음 단계라고 생각한 것이다.

시드 머니의 크기를 늘리기 위해서는 안정적이면서도 마이너스가 없는 수입원이 필요했다. 한서는 다시 택시 운전을 하면서 한동안 중단했던 회계사 공부도 재개했다.

하지만 이전과 달라진 게 있었다.

100만 원이라는 돈이 예전에는 그냥 100만 원일 뿐이었지만, 이제는 1,000만 원도, 1억 원도 될 수 있는 돈이라고 생각하게 된 것이다. 신기하게도, 이 같은 생각은 그로 하여금 돈을 더 귀하게 여기게 했고, 돈을 더 빨리 모을 수 있는 힘이 되었다. 만 원짜리 몇 장만 생겨도 득달같이 카지노로 달려가던 과거의 그가 아니었다. 시드 머니를 키우지 않는 이상 도박으로 딸 수 있는 돈은 푼돈에 불과하다는 사실을 알게 되었기 때문이다.

확실한 동기 부여 덕분이었는지, 한서는 다시 공부를 시작한 지 2년 만에 회계사 자격증을 취득했다. 다만 고졸 학력의 회계사가 잡을 수 있는 기회는 제한적이었다. 대형 회계법인에 들어가 고액 연봉을 받는 건 꿈조차 꿀 수 없었고 로컬 회계법인에 들어가는 것도 쉽지 않은 일이었다.

게다가 도박으로 생긴 5,000만 원의 빚은 살인적인 이자율로 인해 계속 불어가고 있었기에, 아무리 택시 기사에서 회계사로 신분이 바뀌었다 해도 감당하기 벅찼다. 카지노 테이블에 앉기만 하면 10만 원 정도는 거뜬히 딸 수 있는 실력을 갖추고 있었지만, 그렇다고 무작정 카지노로 달려갈 수는 없었다. 서울에서 강원랜드까지의 교통비와 숙식비를 생각하면, 한마디로 채산성이 맞지 않았기 때문이다. 더욱이 오전 6시에 출근해 자정이 가까운 시간에 퇴근하는 초짜 회계사의 일상과 과중한 업무 스트레스로 인해, 서울에서 정선까지 갈 에너지가 허락되지 않았다.

◆ ◆ ◆

사무실 책상에 수북이 쌓인 서류들을 바라보며, 한서는 깊은 한숨을 내쉬었다. 그렇다. 택시 기사일 때에 비하면야 지금의 수입이 비교도 되지 않을 만큼 늘었다. 하지만 그가 야심 차게 세운 목표, '순자산 10억 원 달성'은 아득하게만 느껴졌다. 택시 기사나 회사원이나 크게 달라질 건 없다는 회의감이 스멀스멀 그의 가슴을 파고들었다.

"유 대리~ 지금 잠깐, 시간 돼?"

그때, 인사팀 김 대리가 작은 목소리로 한서를 불렀다.

19

전직

"강원랜드요?"

한서는 한동안 까맣게 잊고 있었던 단어에, 차마 전달하지 못한
연애편지를 들킨 듯 흠칫 놀랐다.

"이번 주에 기획팀 김 과장님과 가기로 했었는데, 친척 결혼식
을 깜빡했다지 뭐야. 호텔비 나눠 내기로 했는데 며칠 안 남아서
예약 취소도 안 된대. 혹시 유 대리 시간 되면 바람이나 쐴 겸 같이
갈까 해서~."

"저기… 대리님. 제 소문 아직 못 들으셨나 봐요?"

"소문? 무슨 소문?"

"제가 이 회사 오기 전에 무슨 일을 했었는지…."

"아니? 못 들었는데? 택시 운전했다지 않았어? 그런데 그게 강
랜 가는 거랑 무슨 상관이 있어?"

"제가…… 한동안 거기서 거의 살다시피 했거든요."

"아, 그래? 그럼 잘됐네~. 게임도 할 줄 알겠네!"

"그럼요~ 아주 잘 알죠. 그리고 많이 잃었죠."

"그래? 종목이 뭐였는데? 룰렛? 바카라? 바카라라면 내가 한수
가르쳐 줄 수 있는데! 중국점이라고 알아? 내가 줄을 한번 탄 적이
있었는데 말야……."

인사팀 김 대리는 한껏 신이 나서는 눈까지 반짝이며 자신의 카
지노 무용담을 늘어놓기 시작했다.

"저는 안 돼요…. 또 잃으면…… 많이 곤란해지거든요."

"뭐가 많이 곤란해~. 그냥 재미로 조금만 하면 되지! 뭐, 카지노
에서 콩팥이라도 떼어갈까 봐?"

자신이 던진 농담이 재미있어 죽겠다는 듯 낄낄대는 김 대리를
보며, 한서는 이리 가까이 와 보라는 손짓을 했다. 김 대리는 영문
도 모른 채 무슨 비밀스러운 이야기라도 하려나 싶어 그에게 다가
갔다.

한서는 주위에 아무도 없는지 스윽, 한번 살피고선 그의 귀에 나
지막한 목소리로 속삭였다.

"의사가 그러는데요. 콩팥은 하나만 있어도 살 수 있는데… 하나도 없으면 죽는대요."

한서가 살짝 들어 올린 셔츠 사이로 거친 수술 자국이 역력한 아랫배가 드러났다. 김 대리의 얼어붙은 표정이 좀처럼 풀어질 줄 몰랐다.

20

내 집 마련

지금 한서는 강원랜드에 가서 한가하게 용돈벌이나 할 상황이
아니었다.

월급을 나오는 족족 빚 갚는 데 쏟아부은 끝에 5,000만 원에 달
하던 도박 빚이 2,000만 원까지 줄어들기는 했지만, 이자율이 연
30%에 달하는 카드빚을 감당하는 건 만만한 일이 아니었다. 이대
로라면, 평생 회계 장부나 들여다보며 죽도록 월급 노예로 살아야
할 것 같았다.

다행히 안정적인 수입이 보장되는 직장인이 된 덕에, 한서는 신
용 대출로 5,000만 원을 마련해 겨우 전셋집을 구했다. 고시원 쪽
방에서 조금 더 넓어진 옥탑방으로 터전이 바뀐 셈이었다. 문제가
있다면, 이 전셋집마저 계약 기간이 끝나가고 있다는 것. 전세 보
증금을 올려달라는 주인아주머니의 전화가 그의 기분을 온종일

짓누르고 있었다.

종잣돈을 모아 자본력을 키운 다음, 다시 도박으로 더 큰돈을 만들어 내리라는 한서의 야심 찬 계획은 시작도 못 하고 끝날 판이었다. 목표로 삼은 10억 원을 손에 쥐는 건 휠체어 신세의 노인이 되어서야 가능한 것이 아닌가 싶었다.

그렇게 깊은 절망의 수렁에 빠져들기 시작할 무렵, 한서는 퇴근길 신호등 앞에서 우연히 빌라 분양 플래카드를 보게 되었다. 그건 과거 사북역 길거리에서 주웠던 은행의 복리 예금 전단지만큼이나 충격적이었다.

실입주금 3,000만 원,

방 3개 화장실 2개,

신축 빌라 분양!

'옥탑방 전셋값이 5,000만 원인데, 방 3개에 화장실이 2개인 새로 지은 빌라가 3,000만 원밖에 안 한다고?'

한서는 사기일지도 모른다는 의심을 품고서, 플래카드에 적힌 번호를 차례대로 눌러 전화를 걸었다. 수화기 건너편에서는 아주 격조 있고 부드러운 목소리가 흘러나왔다. TV 드라마에서나 나올 법한 대학교 교양 수업 교수님 같았다.

"허위 매물이 아니라 건축주가 직접 분양하는 거니까, 걱정하지 말고 일단 올라와서 보세요~."

허위 매물? 건축주 직접 분양? 무슨 소리인지 당최 알아들을 수 없는 말들이었다. 한서는 전화로 안내받은 대로 '구경하는 집'이라고 적힌 커다란 현수막이 붙은 집으로 올라갔다.

새로 지은 빌라여서 그런지 복도에서부터 덜 마른 목공 본드 냄새가 코끝을 찔렀다. 초인종을 누르자 누군가와 통화 중인 한 사내가 문을 열어주었다. 화려한 문신이 훤히 비치는 하얀 팔 토시를 착용한 모습이 한서의 눈길을 사로잡았다. 전화상의 목소리와는 영 딴판인, 험악한 인상이었다.

'어디서 본 것 같은데…' 하던 찰나, 전화 통화를 마친 문신한 사내가 테이블 쪽으로 와서 앉으라며 그에게 손짓했다.

"어이쿠, 생각보다 젊은 양반이네~. 신혼집 구하나 봐요?"

한서는 능청스러운 사내의 말투와 유독 눈알이 새빨간 용 문신을 보고서야, 그가 몇 년 전 강원랜드에서 마주쳤던 그 사내라는 걸 알아챘다.

잠시 후. 그의 설명을 차분히 들으며 빈 종이에 하나씩 메모를 하던 한서는, 계약 조건을 다시 한번 그에게 확인했다.

"그러니까 분양 가격이 총 1억 3,000만 원인데, 3,000만 원만 있으면 나머지 1억 원은 은행에서 대출을 해준다는 거죠?"

"그렇지~."

"은행 대출이자가 연 5%니까… 한 달 이자는 40만 원 정도고."

"아, 그건 아저씨 수입이나 뭐 그런 거에 따라 달라질 수 있다니까~."

문신한 사내는 만약의 경우를 대비하려는 듯, 여차하면 책임을 회피할 판을 깔았다.

"하여튼 대충 그 정도라고 보면 된다는 거잖아요."

"그건… 그렇지~."

"할게요, 그럼. 계약!"

"하… 한다고?"

21

운과 실력의 상관관계

"이게 다 뭐예요?"

한서는 태삼이 양손 가득 들고 온 책들을 보며, 의심의 눈초리로
물었다.

"눈깔이 어찌 된 겨? 보면 몰라?"
"그러니까 갑자기 웬 책이냐고요? 오늘부터 블랙잭 기술 알려
주신다고 하지 않았어요?"

태삼은 책 한 권을 들어 그에게 보이며 말했다.

"그라지. 오늘부터 블랙잭 공부를 시작혀야지."

한서는 태삼이 던진 책을 엉겁결에 받아들고는 천천히 표지를 훑어보았다. 책 앞표지에는 킹과 에이스 카드 2장이 촌스러울 정도로 커다랗게 그려져 있었고,《카지노를 털어라 – 블랙잭 게임 전략》이라는 다소 저렴해 보이는 제목이 박혀 있었다. 한서는 황당하다는 듯 물었다.

"아니, 지금 저보고 이 책을 읽으라는 말씀이세요? 뭐 특별한 비법이나 그런 게 있는 거 아니었어요?"

"워쩌냐? 그런 건 없는디…. 니 영화를 너무 많이 본 거 아니냐? 내가 무슨 타짜에 나오는 평경장처럼 아수라 발발타~ 뭐 이러믄서 손기술이라도 가르쳐 줄 줄 알았냐?"

"예?"

"그런 건 없다고~ 이놈아. 이거 다 내가 읽었던 책들이여. 나는 한 100권 정도는 읽었는디 중복되는 책은 추려서 특별히 좋은 놈들로만 엄선해서 반 정도로 줄였으니께 감사헌 줄이나 알라고~."

한서는 전설의 도박사가 된 태삼의 비결이 '책을 읽고 공부한 덕'이라는 말에 실소를 금치 못했다. 하지만 지금 와서 할 수 있는 것도 없었기에 일단은 태삼이 하라는 대로 해 보기로 했다. 책을 모두 읽고 나면 그간 숨겨두었던 비기를 전수해 줄 줄 또 누가 알겠는가.

하지만 책을 읽는 게 말처럼 쉬운 일은 아니었다. 60권에 달하는 책을 모두 읽으려면 하루에 한 권씩 매일 쉬지 않고 두 달을 꼬박 읽어야 했기 때문이다. 이 정도로 열심히 공부했다면 회계사 시험도 합격하고도 남았겠다는 생각이 들 정도였다.

하지만 확실한 한 가지는, 도박 공부가 회계사 공부보다는 쉽고 재미있다는 것이었다. 그것은 아마도 돈을 벌 수 있으리란 희망을 주기 때문일 것이다. 빚을 모두 갚고 새로운 인생을 살 수 있다는 희망 회로가 작동했으리라.

한서는 책을 한 권씩 읽을 때마다 태삼에게 일일이 확인까지 받았다. 책에 있는 내용과 관련된 태삼의 질문에 정확하게 답하지 못하면, 해당 챕터를 필사해서 제출해야 하는 귀찮은 벌칙이 기다리고 있었다. 한 페이지도 대충 읽을 수가 없었다. 그렇게 책을 읽어나간 지 한 달쯤 지났을 때, 중요한 깨달음이 왔다. 지금까지 블랙잭 게임에서 왜 자신이 돈을 잃었는지 알게 된 것이다.

한서는 여태껏 블랙잭 게임은 딜러보다 높은 패를 만들어야 이기는 게임이라고만 생각했다. 하지만 그것만이 아니었다. 딜러를 버스트시켜야, 그러니까 딜러가 먼저 게임에 패하게 만들어야 이길 수 있는 게임이기도 했던 것이다.

한서는 이런 사소한 게임의 원리조차 몰랐던 자신이 한심하게 느껴졌다. 마틴게일, 파로리, 다니엘, 굿맨, 피보나치, 홍콩크루즈 등 다양한 베팅 시스템을 다룬 책들을 읽고 나니, 아무 전략도 없이 도박을 하는 건 그냥 카지노에 돈을 갖다 버리고 오는 것과 다를 게 없다는 생각도 들었다.

로또에 당첨되려면 운도 있어야 하지만, 6개 번호가 아닌 5개 번호만 골라서는 절대 당첨될 수 없다. 이처럼 운으로 작동하는 카지노 도박 역시 실력을 갖추지 않으면 절대로 이길 수 없었다. 도박은 운이 전부라고 생각해 왔던 그의 고정관념에 금이 가기 시작한 순간이었다.

22

베팅과 배팅

"대신 계약 조건 하나만 추가해 주세요. 혹시 대출이 안 나오면 곤란하니까 대출 불가 시 계약을 무효로 한다고."

"나야 상관없지, 뭐~. 그렇게 하자고!"

문신한 사내는 고르지 못한 치아를 드러내며 환하게 웃었다. 계약서를 작성하고, 서명하고, 계약금을 입금하는 데까지 걸린 시간은 30분도 채 되지 않았다. 며칠 전, 인터넷 쇼핑몰에서 쓰레기통을 살 때보다 더 짧은 시간에 집을 산 것이다.

'집을 사는 게 이렇게 쉬운 일이었다니….'

육십 평생 고단한 셋방살이만 전전해 온 어머니의 주름진 얼굴이 떠오른 한서는 문득 씁쓸해졌다. 하지만 한편으로는 홀로 지방에서 외롭게 지내시던 어머니를 이제 서울의 새집으로 모실 수 있겠다는 생각도 들었다. 너무 급작스럽고 또 어찌 보면 무모해 보이기까지 한 한서의 첫 내 집 마련에는 나름의 치밀한 계산이 깔려 있었다.

"딜러의 오픈 카드가 6인디, 내 카드 합이 11이다? 이렇게 확실허고 잃을 게 없는 상황에서는 주저함이 없어야 하는 겨, 무조건 따블 베팅이라 이 말이지."

부동산 매매 계약서에 서명하기 전, 한서의 귓전을 때린 태삼의 목소리였다. 전셋값을 무려 1,000만 원이나 더 올려달라는 옥탑방 주인아주머니의 전화를 받은 터에 신축 빌라의 매매 가격과 계약 조건을 듣는 순간, 한서는 마치 프로 갬블러라도 된 양 빠른 두뇌 회전으로 베팅 전략을 짜냈던 것이다.

옥탑방의 전세 계약을 연장하지 않고 종료할 경우, 한서에게는 현금 5,000만 원이 생긴다. 물론 모두 신용 대출로 구한 돈이긴 하지만, 이는 새로 계약한 빌라의 실입주금을 치르고도 2,000만 원이 남는 액수다. 그렇게 남은 2,000만 원으로 카드빚을 갚아 버리면 어떻게 될까? 한서의 채무는 신용 대출 5,000만 원과 주택담보 대출 1억 원만 남게 된다.

언뜻 보면 빚이 더 많이 늘어난 것 같지만, 사실 이자 비용 부담은 훨씬 더 낮은 구조였다. 신용 대출 5,000만 원의 이자는 그대로 이겠지만, 카드빚 2,000만 원의 이자율은 연 30%의 고리로, 한 달에 약 50만 원 정도의 이자를 부담해야 했다. 반면 카드빚을 갚고 주택담보대출 1억 원으로 갈아타면, 이자율이 연 5% 정도라 이자가 약 40만 원이 되는 것이다.

이 같은 계산 끝에, 한서는 전셋값 1,000만 원을 따로 구할 필요도 없이 더 크고 좋은 집으로 어머니까지 모실 수 있게 되었다.

그뿐만이 아니었다. 크지는 않지만 한서의 어머니가 현재 살고 있는 지방 전셋집의 보증금으로 신용 대출 금액 일부를 더 갚으면 부담해야 하는 한 달 이자 비용도 더 줄일 수 있었다.

고리의 현금 서비스는 돌려막기를 제때 하지 못하면 이자에 이자가 붙어 실제로는 더 큰 이자 부담이 발생했다. 따라서 '한서의 내 집 마련 전략'은 고리의 위험한 대출을 저리의 안전한 대출로 갈아타는 효과를 가져왔다.

그의 계획을 들은 한서의 어머니는, 혹여 집값이 하락하면 큰일이 나는 것 아니냐며 걱정을 했다.

"우리가 살 집이잖아~. 어차피 가격이 올라도 팔 수 없고, 만에 하나 집값이 떨어진다 해도 이자만 제때 내면 문제없어."

몇 년 후, 한서가 1억 3,000만 원을 주고 산 빌라의 매매 가격은 2억 원이 되었다. 자기 돈 한 푼 없이 오로지 빚으로 다른 빚을 갚기 위해 산 빌라가 7,000만 원이나 오른 것이다. 이를 통해, 한서는 본격적으로 부동산 투자를 공부해야겠다고 결심했다. 그에게 있어 공부할 방법을 찾는 건 그리 어려운 일이 아니었다. 도박을 배운 방법과 다를 것이 없었다. 그것은 바로, 책을 읽는 것이었다.

한서는 버스 출·퇴근길과 회사 점심시간, 나른한 휴일 오후에도 손에서 책을 놓지 않았다. 《부동산 경매의 기술》,《나는 부동산과 맞벌이한다》,《월급쟁이 부자로 은퇴하라》 같은 제목의 책들을 골라 닥치는 대로 읽어 나갔다. 어떤 책을 어떻게 읽어야 할지 몰라서 그저 '부동산'이나 '아파트', '부자' 같은 단어가 들어간 제목만 보이면 모조리 구입했다.

하지만 책을 100권쯤 읽었을 무렵, 한서는 실망스러운 표정으로 부동산 중개 사무소에서 걸어 나왔다.

"그 정도 가지고는 구하기 힘들어……."

부동산 역시 도박처럼, 비교적 큰 규모의 투자 자금이 필요했던 것이다. 도박으로 돈 버는 방법, 부동산 투자로 돈 버는 방법 모두 알게 되었지만, 둘 다 돈으로 돈을 버는 일이었기에 돈이 적으면 시도조차 하기 어려웠다. 부동산 경매의 경우 비교적 적은 돈으로도 시도할 수 있었지만, 오전 6시에 출근해 밤 12시 가까이에 퇴근하는 것이 일상이었던 한서에게는 언감생심 그림의 떡이었다.

그럼에도 불구하고, 한서는 부동산 투자를 공부하면서 확실하게 얻은 것이 한 가지 있었다. 바로, 자본주의의 구조와 원리를 깨달은 것이었다. 월급을 저축하는 것만으로는 목표로 삼은 시드 머니를 만들어 낼 수 없다는 것도, 그가 첫 내 집 마련을 성공적으로 할 수 있었던 건 인플레이션과 레버리지의 힘 덕분이었다는 것도 알게 되었다.

"투자는 가만히 있다가 스트라이크가 돼도 아웃이 되는 야구 게임이 아니여~. 좋은 공이 아니라면 방망이를 휘두를 필요가 없는 거라고. 확실허고 좋은 기회다 싶을 때! 바로 그때 온 힘을 다해 방망이를 휘둘러야 홈런이 나온다 이 말이여."

그럴듯하고 멋지게만 들렸던 태삼의 말이 사실 세계 최고의 투자자 워런 버핏의 명언이었다는 걸 책을 통해 알게 되었을 즈음, 한서는 오랜 기다림 끝에 홈런의 기회를 포착할 수 있었다.

'지금이 바로 그 배팅 타이밍이군!'

한서는 돈을 거는 '베팅'과 야구 방망이를 휘두르는 '배팅'의 발음이 같다는 사실이, 어쩐지 운명처럼 느껴졌다.

23

빚내서 집 사라

"뭐라고요? 그건 지금 부동산 투기를 하겠다는 거잖아요!"

카페 테이블 맞은편에서 한서의 계획을 조용히 듣고 있던 다영
이 별안간 언성을 높이며 그를 다그쳤다.

"투⋯ 투기요?"

그런 모습도 귀엽게 보이는지 한서는 엷은 미소를 지었다.

"그렇게 위험한 투자는 투자가 아니라, 투기라고요!"
"언제는 도박도 투자가 될 수 있다면서요? 도박도 했는데 이게
뭐 그리 위험한 일이라고⋯⋯."

"아뇨, 그건… 도박은 도박이고요."

다영은 적당히 대꾸할 말이 떠오르지 않는지 잠시 머뭇거리다가 말을 이어갔다.

"베팅! 맞아, 아파트를 사는 건 너무 큰 베팅이잖아요. 기억 안나요? 천 원짜리 칩으로 베팅했을 때는 돈을 땄는데, 십만 원짜리 칩으로는 그러지 못했다는 거……. 더군다나 아파트는 몇천, 아니 몇억 정도는 베팅해야 할 텐데, 만에 하나라도 일이 잘못되면 한서 씨가 말하던 그 멘탈 유지가 가능하겠어요?"

이제야 자신이 한서의 계획이 문제라는 걸 논리적으로 잘 설명했다는 생각이 들었는지, 다영은 코끝을 찡긋하며 흐뭇한 표정을 지었다. 그런데도 한서는 자신의 계획을 수정할 생각이 전혀 없다는 듯, 도박사의 포커페이스처럼 한 치의 흐트러짐도 허용하지 않았다. 그는 자세를 고쳐 앉으며 다영에게 물었다.

"다영 씨는 도박, 그러니까 투기와 투자의 차이가 뭐라고 생각해요?"

다영은 화이트 초코 프라프치노 컵에 꽂힌 빨대를 입에 문 채 잠시 생각에 잠겼다. 그러다 천천히 입을 열었다.

"투자는 건전하고, 안전하고… 뭐 그런 거고, 투기는… 도박처럼 위험한 거… 죠. 그러니까… 묻지 마 투자! 아, 맞다! 그 묻지 마 투자처럼 망할 수도 있지만 크게 한 방 노리고 하는 뭐 그런 거, 아닐… 까요?"

누가 봐도 다영은 투기와 투자의 그 모호한 차이에 관해 제대로 생각해 본 적이 없는 게 분명했다.

"제 생각은 이래요."

한서가 미소를 띠며 다정한 말투로 설명을 이어갔다.

"한번은 카지노에서 이런 적이 있어요. 블랙잭에서 딜러의 카드가 6이었는데, 알다시피 버스트 되기 쉬운 딜러에게는 최악의 오픈 카드라고 할 수 있죠. 반면 저는 에이스 2장을 들고 있었어요."
"그렇다면 스플릿split(블랙잭 게임에서 쓰는 용어로, 딜러에게서 받은 2장의 카드 숫자가 같을 경우 카드를 나눠서 두 패로 진행하는 것을 말한다. 물론 베팅도 한 번 더하게 된다)을 해야죠."

블랙잭의 기본 전략쯤은 잘 안다는 듯 다영이 읊조렸다.

"그래요, 당연히 그래야죠. 그런데 스플릿한 에이스에 또 에이스가 붙은 거예요."

"그럼 또 스플릿을 해야죠."

"그런데 다음에 또 에이스가 나왔어요."

"그럼… 또 스플릿……?"

워낙 흔치 않은 경우라 다영도 헷갈리는지, 말끝을 조금 흐렸다.

"아뇨, 대부분의 카지노에서는 에이스 스플릿은 두 번까지만 가능해요."

"그럼 12가… 되는 건가? 그럼 히트해서 1장 더 받아야죠?"

"그것도 안 돼요. 에이스를 스플릿했을 경우에는 추가 카드를 1장까지만 받을 수 있거든요. 블랙잭은 카드들의 숫자 합이 높을수록 유리한데 12는 너무 낮아서 딜러 버스트 외에는 무조건 질 수밖에 없죠."

"저런~ 최고의 기회가 최악의 위기가 되어 버렸네요?"

"사실 게임을 하다 보면 비일비재하게 일어나는 일이에요, 기회가 위기가 되는 건. 그런데 사고는 그럴 때 많이 일어나죠. 좋은 기회라고 생각해 베팅액을 크게 늘렸는데 위기 상황이 오면 오히려 더 크게 잃는 거죠."

"그래서 한서 씨는 어떻게 했어요?"

"방법이 없었죠. 게임은 그냥 그대로 진행이 됐고. 더 최악이었던 건 그다음 카드도 에이스였고 또 그다음 카드도 에이스가 나왔다는 거예요. 에이스 4장이 연속으로 나오는 어이없는 상황이 연출된 거죠."

"우와~ 그런 일이 가능해요?"

"완전 멘붕이었죠. 제 주위로 구경꾼들이 한 스무 명 정도는 몰려들었을 거예요. 심지어 그때는 싸부님을 만나기 전이어서 베팅액도 상당했거든요."

"도박 빚이 그렇게 늘어난 이유가 다 있었군요."

별생각 없이 내뱉은 다영의 말에, 흠칫 놀란 한서가 괜히 헛기침을 했다.

"그… 그렇죠 뭐. 그래도 마지막 희망은 있었어요. 딜러의 오픈 카드가 6이니까 히든 카드가 10이라면 승산은 있다는 거."

"아하, 그래서 히든 카드가 뭐였어요?"

"10이요!"

"와~!"

다영은 그 당시 카지노 현장에 있던 구경꾼이라도 된 양 탄성을 내질렀다.

"맞아요, 바로 그 소리였어요! 구경하던 사람들도 모두 '와~!' 하고 소리쳤죠."

"그래서 어떻게 됐어요? 딜러의 추가 카드는 뭐였어요?"

"다영 씨도 알겠지만, 다음 카드가 6 이상이라면 제가 대승을 거두는 것이고, 5 이하라면 망하게 되는 상황이었죠."

"그러게요. 6 이상이면 버스트가 될 테니…. 10이면 더 좋고!"

"딜러가 마지막 추가 카드를 오픈할 때, 주위에 있던 사람들이 모두 '픽처, 픽처' 하며 구호를 외쳤을 정도였죠. 그런데 딜러가 오픈한 카드가 뭐였는지 아세요?"

"뭐였는데요?"

흥미진진하다는 듯 대답을 재촉하는 다영의 눈이 반짝였다.

"에이스요."

"에… 에이스요? 그럼 에이스 카드가 연달아 다섯 번이나 나온 거예요? 그게 가능해요? 그럼 다 잃는 거잖아요!"

"맞아요. 바로 그다음 날 제 신장 하나가 사라졌죠."

"아…… 정말, 드라마틱하게 졌네요."

"그날 일이 아직도 꿈에 나올 정도예요. 마지막 에이스 카드를 오픈한 딜러가 저를 측은하다는 듯 보면서 고개를 가로젓던 모습이 눈에 선해요. 딜러도 황당하고 미안했는지 제가 베팅한 돈을 바로 가져가지는 않았어요."

"그것 봐요…. 아파트에 투자하겠다는 게 지금은 최고의 기회처럼 보여도 나중에는 최악의 위기가 될 수 있다니까요~."

한서가 겪은 일이 오히려 자신의 주장에 도움이 되리라 판단했는지 다영은 서둘러 결론을 냈다. 하지만 한서가 하려던 이야기는 그게 아니었다.

"그때의 일로 투기와 투자의 차이를 깨닫게 됐어요. 물론 제대로 알게 된 것은 부동산 투자를 공부하면서부터이지만."
"어떻게요? 그 차이란 게 뭔데요?"

다영은 도무지 이해할 수 없다는 눈빛으로 되물었다.

"도박, 즉 투기는 큰 기회라고 보고 크게 베팅해도 최악의 위기를 맞으면 결국 게임에서 지고 모든 것을 잃게 되죠. 하지만 투자는 큰 기회에 베팅해서 최악의 위기를 맞게 되더라도 게임이 일방적으로 끝나지는 않는다는 겁니다."

깍지를 낀 두 손 위에 살포시 턱을 괸 다영이 한서의 눈을 응시했다.

"분석해 본 결과, 제가 투자하려고 하는 아파트는 한강 조망에 단지 내 초등학교를 끼고 있는 데다 주변에 대형 마트도 있고 전철역과도 가까웠는데, 같은 입지 조건을 갖춘 서울의 다른 아파트와 비교할 때 가격은 상당히 낮게 형성되어 있어요. 게다가 현재 개발

중인 근처 마곡지구의 규모를 고려하면, 실수요도 충분하다는 생각이 들었고요."

"그러면 마곡에 있는 아파트를 사야 하는 거 아니에요?"

"물론 그게 가장 좋죠. 문제는 저에게 마곡의 아파트를 살 만큼의 돈이 없다는 거죠. 지금 마곡에 새롭게 분양되고 있는 아파트들은 이미 프리미엄이 많이 붙었고 죄다 신축 아파트들이라 분양가와 전세가의 차이가 커요. 반면 제가 찾은 지역은 지은 지 20년이 된 구축 아파트가 대부분이라서 그 차이가 크지 않고요. 심지어 지금은 매매가보다 오히려 전세가가 살짝 더 높은 상황이에요."

"예? 그럴 수도 있어요?"

도저히 믿을 수 없다는 표정으로 다영이 물었다.

"근래 아파트 가격이 바닥을 치면서 아파트의 전세가는 2년 전에 형성된 3억 원대 초반인데, 매매가는 3억 원이나 그 이하인 곳도 있다니까요."

"그건 아파트값이 갑자기 하락해서 그런 거잖아요. 전세가는 최소 1년 전에 형성되었던 가격일 테고. 하지만 아파트 가격이 지금보다 더 하락하게 되면 전세가도 그에 맞춰 하락할 테니⋯ 그에 따라 큰 손실을 볼 수 있잖아요?"

"네, 그것이 바로 가장 큰 위험 요소죠. 자본금 없이도 아파트를 살 수 있다는 게 큰 기회 요소라면, 아파트 가격이 하락했을 때 전세 세입자가 보증금을 돌려달라고 하면 큰 위기가 되겠죠."

"그러니까요! 에이스 3장으로 시작된 큰 기회가 오히려 큰 위기가 되었던 것처럼요."

"하지만 정확히 이 부분에서 도박과 투자의 차이가 드러나요. 도박에서 지면 어떻게 되죠?"

"그야 딜러가 돈을 모두 가져가고… 게임은 그대로 끝이 나겠죠?"

"아파트 가격이 하락하면요?"

"그야……."

다영이 즉답을 못 하고 머뭇거리자 한서가 대신 말을 이었다.

"생각보다 그렇게 큰일은 일어나지 않아요. 그 누구도 아파트를 강제로 가져가지는 않는단 말이에요. 만약 전세 세입자가 나가지 않고 그대로 쭉 산다면, 아파트 가격이 하락하든 말든 큰 상관이 없겠죠. 물론 전세 보증금을 깎아달라고 요구할 수는 있겠지만, 리스크는 딱 그 정도예요. 만약 세입자가 나가게 돼서 전세 보증금을 반환해야 하는 상황이 와도, 바로 세입자를 구하면 책임져야 하는 것은 전세가 하락분 정도가 되겠죠. 문제가 커지는 건 새로운 세입자를 구하지 못해 공실이 발생할 경우인데…… 제가 미리 입지를 조사하고 분석해 본 결과에 따르면, 이 지역은 실수요가 충분해서 전세 공실이 발생할 가능성이 매우 낮아요. 도박에서 지면 그냥 거기서 모든 걸 잃고 끝나지만, 투자는 위기가 발생하더라도 대응할 방법이 있다는 것이 큰 차이라고 할 수 있죠. 혹여 아파트 가격이 하락하더라도 가격이 다시 오를 때까지 기다릴 수만 있다면 위기가 현실이 되지는 않는다는 거예요. 실현하지 않은 손실은 확정된 것이 아니니까요."

한서는 투자와 투기의 차이는 손실 위기 상황에서 손실 확정 권한을 그대로 유지할 수 있느냐, 빼앗기느냐의 차이라고 덧붙였다. 도박의 경우, 실패 상황에서 시간은 아무런 의미가 없다. 반면 투자의 경우, 실패 상황에 처해도 시간을 무기 삼아 기다릴 수 있다면 기회를 얻을 수도 있는 것이다.

"한서 씨의 말은 충분히 이해했어요. 그런데 요즘 아파트 미분양 사태로 난리라는 뉴스도 안 봤어요?"

"어제…인가? TV 뉴스에 여당의 어떤 높으신 분이 나와서는 이렇게 말하던데요? 빚내서 집 사라고……."

"하지만 한두 채도 아니고, 한꺼번에 열 채나 사겠다는 건 너무 위험한 생각 아니에요?"

24

볼펜 한 자루로 30억 자산가가 되는 법

오랫동안 준비한 계획이었다.

한서는 너무 자주 봐서 이제는 편하게 말까지 놓게 된, 금호 부동산 사장 김 아주머니에게 말했다.

"딱 10개만 찾아 주시면 돼요~."

"정말 할 거야?"

"하기로 했으니, 해야죠."

"그래도 지금은… 너무 위험하지 않겠어? 매물이야 많지만 내가 아들 같아서 하는 말이야."

"걱정하지 마세요. 저도 다 생각이 있어서 하는 거니까."

"알았어, 알았어~. 계약 10건이면 나야 좋지. 그러니까 전세가보다 매매가가 낮은 걸로… 30평대… 3억 원대로?"

김 아주머니는 콧등에 걸쳐진 요란한 문양의 안경을 고쳐 쓰며 열심히 메모했다.

"예, 말씀드린 조건만 맞으면 돼요. 20개 정도로 리스트 만들어서 문자로 보내 주시면 제가 그중에 10개 골라서 알려 드릴게요."

"그런데… 정말 집 상태도 안 보고 계약할 거야?"

"그동안 제가 돌아다니면서 이 근처 아파트들 거의 다 봤잖아요. 별다를 게 있겠어요?"

"하긴~. 인테리어 차이는 있어도 구조는 다 똑같으니까."

그로부터 며칠 후.

김 아주머니로부터 아파트 리스트를 전달받은 한서는 그동안의 임장 경험을 토대로 아파트 10개를 추려냈다. 전세가와 매매가 차이가 1,000만 원이 넘는 아파트가 있는가 하면, 그 차이가 얼마 되지 않는 아파트도 있었다. 다만 전체적으로 보면, 평균 500만 원 정도라서 10건의 계약을 모두 마쳤을 때 한서의 계좌에 입금된 전세 보증금은 5,000만 원 가까이 되었다. 부동산 취득세와 등기비를 치르고, 지난 1년간 여러모로 귀찮게 했던 김 아주머니에게 두둑하게 복비를 챙겨준 뒤에도 돈이 남을 정도였다.

한서는 말 그대로, 돈 한 푼 들이지 않고 단지 계약서에 서명하는 것으로 평균 3억 원 대의 아파트 열 채를 보유한 자산가가 되었다. 그에게 필요한 것이라곤, 모나미 153 볼펜 한 자루뿐이었다.

"어찌 됐든… 축하해요. 30억 원대의 자산가가 된 것."

근심 가득한 표정으로 한서가 건넨 아파트 등기 권리증들을 훑어보던 다영이 말했다.

파란색 스티커가 붙은 등기 권리증은 정확히 10개였다.

"얼굴은 영~ 축하하는 표정이 아닌데요?"

"걱정돼서 그러죠."

"전세 계약 만기가 최소 1년 이상 남은 아파트들로 만기일도 월별로 분산시켜 놨어요. 공실만 나지 않으면 어떻게든 버틸 수 있을 겁니다. 그사이 저는 열심히 일해서 번 돈으로 아파트의 전세가가 하락했을 때를 대비하려고요."

◆ ◆ ◆

2년 후, 한서가 매입한 아파트들의 가격은 두 배 가까이 올랐다.

그에 따라 30억 자산가였던 한서는 50억 자산가가 되었다. 무엇보다 크게 달라진 한 가지는, 빈털터리였던 그의 순자산이 이제는 20억 원이 됐다는 것이었다. 주변 사람들도 모두 그를 부러운 눈빛으로 바라보았다. 하지만 아이러니하게도, 한서의 수중에는 여전히 돈이 없었다.

아파트 가격이 오른 만큼 전세가도 함께 올라 세입자가 바뀔 때마다 약간의 목돈이 생기기는 했지만, 언젠가는 다시 돌려줘야 하는 돈이라 그런지 계속 빚이 늘어나는 기분이었다. 무엇보다 직장인으로서 나인투식스의 일상에는 변함이 없었기에, 돈으로부터 자유로워지는 삶이란 멀게만 느껴졌다.

"그럼, 아파트를 팔면 되잖아요~."

다영은 한서의 푸념을 "행복한 고민"이라고 일축하며 말했다.

"요즘 다주택자 양도세가 어마어마해요. 회사에서 직원 하나가 저를 두고 적폐라고 하더라고요."

"아니, 범법 행위도 아닌데 그건 좀 심하네요. 그렇긴 하지만 언제 또 아파트 가격이 하락할지 모르니 몇 채라도 정리하는 게 낫지 않을까요?"

"그게 참 그런 게… 세금을 내더라도 아파트 한 채당 최소 1억 정도는 손에 쥘 수 있거든요. 근데 세금 낼 생각을 하니 뭔가 크게 손해를 보는 느낌이에요."

"그러기도 하겠네요…. 그래도 정말 대단해요. 매일 부동산 투자책 끼고 살면서 부동산 중개소 문턱이 닳도록 드나들 때는 솔직히 좀 한심해 보였거든요. 그런데 지금 보니, 계획이 다 있었던 거였구나 싶어요. 결과론적인 이야기이긴 하지만."

"운이 좋았죠, 뭐."

다영은 알고 있었다. 그 모든 결과를 단지 운으로 치부하기엔, 한서의 엄청난 노력이 뒷받침되었다는 걸. 한서의 성공을 폄하하는 사람들은 그가 처음부터 돈이 많았기에 2년 전에 그렇게 많은 아파트를 살 수 있었던 거라고, 그래서 그가 얻은 것은 그저 운 좋은 사람의 불로소득일 뿐이라고 비난했지만.

사실 한서가 투자한 것은 돈이 아니라, 위험이었다.

그래서 그가 얻은 자산은 다른 사람들이 감수하길 꺼리는 '부동산 하락'의 위험을 짊어지고 수많은 공부와 연구 그리고 노력과 인내 끝에 얻어낸 값진 결실이라는 사실을, 그를 옆에서 지켜보았던 다영은 잘 알고 있었다.

25

물의 사막

"와인, 하시겠어요?"

정갈한 하늘색 복장의 승무원이 한 손에 와인 병을 들고 한서에
게 물었다. 한서는 괜찮다며 손을 저었다.

지금 우리 비행기는 곧 마카오 국제공항에 도착합니다.

현재 마카오의 시간은 11시 20분이며, 기온은 섭씨……

기장의 안내 방송이 흘러나오자, 의자를 한껏 젖히고 안대를 쓰
고 누워 있던 다영이 천천히 몸을 일으켰다.

"조금 있으면 도착한대요."

한서가 다영에게 속삭이듯 일러주었다.

잠시 후. 마카오 국제공항에 도착한 다영과 한서는 곧바로 택시를 잡아탔다. 여행객이라고 하기엔 지나치다 싶을 만큼 단출한 짐으로 미루어보건대, 두 사람 모두 아주 급하게 마카오에 온 것이 분명했다.

"찾을 수…… 있을까요?"

"그러길 바라야죠."

"그런데, 카지노도 망할 수가 있나요?"

"카지노도 돈으로 움직이는 곳이니까 고객에게 돈을 크게 잃는다면 망할 수도 있겠죠?"

힘없는 목소리로 묻는 다영에게 한서는 과거에 자신의 질문에 태삼이 해주었던 대답을 그대로 전하고 있었다. 5년 전 어느 날, 태삼과 한서는 테이블에 마주 앉아 갓 튀겨진 치킨을 앞에 두고 맥주를 마셨다.

◆ ◆ ◆

"니는 꿈이 뭐냐?"

"돈 따는 거요?"

한서가 먹음직스러운 치킨에서 다리를 뜯어내느라 태삼의 눈도 보지 않고 건성으로 대답했다.

"돈 따서 뭐 하는 게 꿈이냐고 이놈아~."
"몰라요."
"꿈이 목표인 거고, 돈은 수단이겠지. 목표가 있어야 끝을 보지! 죽을 때까지 소처럼 돈만 벌 셈이여?"
"그러는 싸부님은 꿈이 뭔데요?"

건성건성 대답하던 한서의 눈빛이 돌연 진지해졌다. 저 살기에만 급급해 지금껏 단 한 번도 태삼에 관해 궁금해한 적도, 뭘 물어본 적도 없다는 걸 문득 인지하게 된 것이다. 한서는 그에게 조금 미안한 생각이 들었다.

"내는 말이여… 카지노를 이겨 보는 게 소원이다."
"도박을 잘할라믄 노력을 허란 말이여, 노력을!"

한서가 늘 자신에게 하던 태삼의 말을 흉내 냈다. 그의 능글능글한 장난에 태삼이 미소를 지으며 말했다.

"니는 카지노한테 지는 게 뭐라고 생각허냐?"
"그야~ 오링 되면 지는 거죠."

"그라지? 마찬가지로 카지노를 오링시켜야 그기 바로 카지노를 이겨 먹는 거여."

"카지노를 어떻게 오링시켜요? 카지노가 망할 수도 있나?"

"카지노도 돈으로 움직이는 곳인데, 고객헌티 돈을 많이 잃으면 당연히 망할 수 있는 거 아니겠냐?"

"역시 싸부님이십니다! 진정한 노름꾼이라면 카지노 기둥뿌리를 뽑아 버리겠다 정도의 야망은 있어야죠. 그런데… 얼마 정도를 먹어야 카지노가 망할까요?"

한서는 갑작스럽게 호기심이 발동해, 스마트폰으로 무언가를 검색했다.

"어디 보자……. 강원랜드 연 매출이 1조 7,000억에 영업이익이 대략 6,000억, 시총이 7조가 넘으니까… 아 여긴 힘들겠다!"

한서가 인터넷에서 검색한 결과를 중얼거리자 태삼이 놀란 눈으로 한서의 스마트폰을 들여다보았다.

"와마~ 놀랠 노 자네! 요즘은 카지노가 얼마 버는지까지 인터넷에 다 나온다냐?"

"그럼… 파라다이스 정도? 여기는 연 매출이 7,000억에 영업이익은 600억, 시총은 1조 3,000억. 음… 여기도 힘들겠군."

"100억 정도면 충분할 거여."

태삼이 담담하게 말했다.

"100억이요?"

"그라지~. 내가 망하게 하고 싶은 그 카지노는 100억 정도면 바로 골로 보낼 수 있을 겨."

"그런데 카지노는 망하게 해서 뭐 하시려고요?"

"복수할라 그라지~."

"복수요? 무엇에 대한 복수인데요?"

"내 가족, 내 친구까정 다 죽게 만든 그 카지노 놈들을 싸그리 망하게 하는 게 내 꿈이여."

"싸부님 실력 정도면 충분히 하실 수 있지 않나요?"

"그게…… 시드가 100억은 있어야 가능하겠는디. 그걸 만들 수가 있어야제."

"시드 100억이요? 싸부님도 저처럼 '18년'쯤 걸리겠는데요."

"그라지……."

체념하는 듯한 표정으로 태삼이 웃었다.

"그런데… 그게 어딘데요? 그 망하게 하고 싶다는 카지노가?"

한서의 질문에 태삼이 회한에 잠긴 표정으로 혼잣말처럼 나지막이 속삭였다.

"수사……."

◆ ◆ ◆

공항에서 잡아탄 택시는 한서와 다영을 화려한 카지노 건물 앞에 내려주었다. 큰 글씨로 '水沙(수사)'라고 적힌 카지노 건물이 그 위용을 자랑하고 있었다.

"물의 사막이라……. 그럼 바다를 말하는 건가? 결국 마지막에 바다에서 발견되었으니, 뭔가 앞뒤가 맞아떨어지는 것 같네요."

울먹이는 듯한 목소리로 다영이 말했다. 과거의 감정이 북받쳐 오른 것 같았다. 수사는 다영의 아버지가 마지막으로 묵었던 카지노 호텔이었다. 운명의 소용돌이가 휘몰아쳤던 곳에 실제로 와 보니, 그동안 잊고 지냈던 옛 기억이 새록새록 떠오르기 시작했다.

26

수상한 전화

한서가 갑작스럽게 걸려온 태삼의 전화를 받은 건, 다영과의 저녁 약속이 있었던 목요일 늦은 오후 무렵이었다. 지난 5년 동안 태삼의 행방을 찾기 위해 백방으로 알아봤지만, 생사는 물론 그 어떤 단서도 찾지 못했는데, 그렇게 갑자기 태삼이 먼저 연락을 해온 것이다.

"아니, 도대체 그동안 어디 계셨던 거예요?"

한서는 너무나 반가운 나머지 오히려 원망스러운 듯한 말투로 쏘아댔다.

"다시는 연락 안 헐라고 했는디… 어쩌다 이렇게 되아 부렀다.

니 쪼까 뭣 쫌 알아봐줘야 쓰겠는디……."

◆ ◆ ◆

그날 저녁, 한서는 다영을 만나자마자 급히 마카오에 가게 되었다는 얘기부터 꺼냈다.

"마카오는 갑자기 왜요?"
"싸부님한테 연락이 왔어요. 지금 마카오에 계신대요."
"태삼 아저씨가요?"

다영에게도 반가운 소식이었는지 표정이 환해졌다.

"그런데… 아무래도 무슨 일이 있으신 것 같아요. 그래서 직접 가서 만나보려고요."
"무, 무슨… 일이요? 마카오라면 혹시……."

뭔가 짚이는 것이라도 있는지, 다영이 걱정스러운 목소리로 말했다.

"무슨 일인지는 자세히 못 들었어요. 그냥 다영 씨 주변에 수상한 사람들이 접촉한 사실이 있는지 확인 좀 해달라고. 다영 씨가 불안해할 수 있으니 비밀로 하라고 했는데… 사실 요즘 다영 씨 안색이 부쩍 안 좋아 보여서 저도 물어보려던 참이었거든요."

한서의 말에 다영의 표정이 급격히 굳었다.

"다영 씨, 요즘…… 무슨 일 있어요?"

한서가 다그치자 다영은 얼마 전에 있었던 일을 털어놓았다.

"6개월 전부터였을 거예요. 처음엔 그냥 보이스피싱 같은 건 줄 알고 무시했어요. 마카오에 있는 수사라는 카지노의 메니저라는 사람이 제게 전화를 했어요. 아빠에게 자기가 돈을 빌려줬는데 그걸 제가 대신 갚아야 한다는 거예요."

"돌아가신 지 한참이나 지났는데 이제 와서요?"

"그곳은 아빠가 마지막으로 계셨던 곳이라서 누군가에게 돈을 빌렸을 수도 있겠구나 싶긴 했죠."

"대체 얼마를 갚으라고 하던가요?"

"연체 기간이 너무 오래되어 이자가 많이 불었다면서… 30억을 달라더군요."

"예? 30억이요?"

"너무 놀라고 당황해서 내게 채무에 대한 법적인 책임은 없으니 그만 연락하라고 했어요. 그랬더니 자기네들은 원래 법 같은 건 잘 지키지 않는 사람들이라며, 조만간 서울에서 보게 될 거라고…….
태삼 아저씨가 마카오에 계신 게 어쩌면 이 일과 관계있는 게 아닐
까요? 한서 씨! 마카오… 저도 같이 가야겠어요."

"아, 그건……."

다영의 뜻밖의 제안에 한서는 어떻게 대답해야 할지 몰라 난감
했다. 태삼이 다영에게는 비밀로 해달라고 했던 이유를 알게 되자,
후회가 밀려들었다. 하지만 다영이 진짜 위험한 상황에 처한 거라
면, 가능한 한 가까이에 두고 함께 있는 것이 낫지 않을까 하는 생
각도 들었다.

절망과 걱정이 한데 섞인 듯한 다영의 두 눈에 어느새 눈물이 맺
혔다. 한서는 그런 다영의 어깨를 조심히 감싸며 말없이 품에 안
았다.

"이 카지노 사업이라는 게 말이여. 겉은 화려해 보이지만서도 속은 다 썩어 문드러져 있거든……. 내가 오~죽허면 고향 성님 몸에 칼까지 댔겠냐고. 요즘은 짱개놈들까지 시스템 베팅한답시고 조막손이 되어 버리니 어디 장사가 돼야 말이지~."

한눈에 봐도 푹신해 보이는 소파에 앉은 사내가 금색 치아를 드러내며 웃었다. 굵은 금반지에 금팔찌와 금목걸이까지… 온몸에 귀금속을 치렁치렁 걸치고 있긴 했지만, 그의 비열함 가득한 표정이 황금의 고귀한 이미지 따위는 씹어 삼켜 버린 것 같았다.

태삼은 제법 묵직해 보이는 가방을 금니 사내 쪽으로 던졌다. 그의 부하로 보이는 남자가 급히 지퍼를 열어 내용물을 확인했다. 가방은 새파란 100달러짜리 지폐들로 가득 채워져 있었다.

"고마~ 이 정도로 하고 끝내자."

"어이구~ 전설의 노름꾼 마카오 샨 성님이 감을 잃으셨나, 왜 이래?"

금니가 매서운 눈매를 치켜뜨며 말했다.

"내가 설계해 준 다이롤 덕분에 이렇게 큰돈도 만지게 된 거 아녀? 언제까지 니놈 개 노릇을 하라는 거여!"

"성님 것도 성님 것이지만, 그럼 곤이 성님 꺼는…… 대체 누구한테 받아야 되는 거요?"

태삼이 갑자기 무릎을 꿇었다.

"철두야! 이자 고만허자. 나가 니한테 이렇게 무릎까지 꿇어야 쓰겄냐?"

"아니, 내가 언제 무릎 꿇으라 그랬어?"

철두가 느닷없이 소리를 지르며 서슬 퍼렇게 태삼에게 달려들자, 주위에 서 있던 한 덩치 하는 똘마니들까지 아연실색하며 몸을 사렸다.

"철두야!"

태삼은 거의 애원하듯 그에게 매달렸다.

"죽은 곤이 성님한테 딸이 하나 있다드만⋯. 그럼 그 짝은 고년 한테 직접 받아내야 할란가?"

철두가 먼 곳을 지그시 바라보며 협박하듯 나직이 속삭였다. 그 말에 태삼의 표정이 급격히 굳어졌다.

"말이야~ 바른 말이지. 곤이 성님 죽었다고 성님만 이렇게 독박 쓰는 건 너무 억울한 거 아니유? 사고는 둘이 같이 쳐놓고⋯⋯."

태삼은 절망스러운 눈빛으로 고개를 이리저리 저었다.

"철두야, 지금 그게 뭔 소리여⋯⋯. 걔는 가만 놔 둬~."
"애비가 진 빚을 딸이 대를 이어 갚는다! 채권 채무의 바람직한 문화 아니었어?"
"철두야~~ 그건 아니여. 니 그라믄 안 되는 거여."
"의사라며? 돈 잘 벌겠네? 게다가 음~ 청 이쁘다드만⋯⋯."

철두 옆에 서 있던 덩치 사내 하나가 혀를 낼름, 내밀며 입맛을 다셨다.

"이 짝으로 데꼬 와서 한 5년만 굴리면⋯ 즈그 아부지 빚도 갚고, 의사 노릇하는 것보다 돈도 많이 벌 수 있겠는디? 뭐 삶의 질은 한~ 참 떨어지겠지만."

태삼은 그대로 바닥에 주저앉았다.

◆ ◆ ◆

악마의 현현. 그것이 철두였다.

태삼의 가족과 친구 현곤을 죽음으로 내몰았던 그가 이제는 현곤의 딸 다영까지 노리고 있었다. 이것이 태삼이 철두를 몰락시킬 계획을 실행하게 만든 결정적인 계기가 됐다.

마카오 최대의 카지노로 떠오른 '수사', 그곳에는 총 7개의 대형 정킷룸이 운영되고 있었다. 정킷룸은 카지노 내의 또 다른 카지노. 본래 정킷junket(카지노와 계약된 갬블링 단체)은 공무원들이 공금으로 여행 삼아 다니는 시찰이나 해외여행을 뜻하는데, 카지노 업계에서는 고액 베팅을 하는 플레이어들이 항공, 숙박, 식사 등의 경비를 무료로 제공받고 떠나는 원정도박 여행을 의미한다. 대개 불법 사채업자나 장기 밀매업자 등 조직 폭력배가 마카오 같은 해외 현지 카지노에 임대료를 내고 불법 도박장 운영도 서슴지 않는 카지노 안의 또 다른 세계였다.

철두는 수사의 정킷룸 중 하나를, 주로 한국과 중국, 일본 인들을 상대로 운영하고 있었다. 군수 담당 하사관이던 현곤이 무기 거래 계약을 위해 들른 홍콩에서 철두를 만난 것이, 이 모든 불행의 시작이었다.

철두의 조직이 운영하는 정킷룸은 마카오 내에서도 베팅 한도가 가장 높은, 하이 리미트high limit(베팅 금액의 하한과 상한을 규정해 놓은 한도가 높다는 뜻) 베팅이 가능한 곳으로 유명세를 떨치고 있었다. 그래서 성질 급하고 돈 많은 한국 재벌 3세들이야말로 그들의 맞춤 VIP 고객이었다. VIP를 맞을 때는 전세기까지 띄워주는 그들이었지만, 한 번 무너지기 시작한 사람에게는 장기와 안구까지 빼앗아 돈으로 바꾸는 무자비함으로도 악명 높았다.

철두의 정킷룸을 무너뜨리기 위해 태삼에게 필요한 시드는 100억 원이었다. 수년의 노력 끝에 자금을 만든 태삼은 오직 복수를 위해 마카오로 향했다. 자금 중 대부분은 고리로 빌린 돈이었기에 계획이 실패로 돌아간다면 목숨까지 위험했다. 하지만 이제, 자신은 물론이요 현곤의 딸 다영까지 철두의 손아귀에서 쉽게 벗어날 수 없다는 사실이 명백해졌다.

태삼은 목숨을 건 마지막 베팅을 하기로 결심했다.

28

극과 극

수사가 '마카오 최대의 카지노'라는 수식은 과장이 아니었다.

이탈리아산 고급 대리석으로 마감한 바닥은 얼굴이 비칠 정도로 투명하게 반짝였고, 3층 높이 천장에 매달린 1,000개의 샹들리에에 박힌 값비싼 보석들이 알알이 빛을 반사했다. 그 화려함과 웅장한 규모는 형언할 수 없을 정도였다.

'수사'라는 이름은 중국의 최고 부동산 재벌이기도 한 창업자, 왕더화 회장이 브라질 렌소이스 마라넨지스 국립공원의 신비한 사막을 본 뒤 감명을 받아 붙인 이름이라고 했다. 렌소이스 사막은 바다와 호수가 공존하는 세계 유일의 사막으로, 지구상에서 가장 신비한 곳 중 하나로 손꼽히는 곳이기도 한데, 사실 이 사막의 진짜 신비로움은 따로 있었다.

1년 중 절반에 가까운 건기에는 일반적인 사막과 다르지 않지만, 우기가 되면 엄청난 강우량 덕에 바다처럼 넓은 호수가 생기는 것이다. 그렇게 우기에 갑작스럽게 생겨난 호수에는 송사리와 열대어 등 10여 종이 넘는 물고기와 거북이, 도마뱀 등 다양한 생물이 사는데, 다시 건기가 찾아오면 모든 생물이 흔적조차 남기지 않고 어디론가 사라져 버린다. 그리고 또다시 우기가 되면 어디서 어떻게 왔는지도 모를 생물들이 다시 살아가는 호수…….

이는 카지노에서 전 재산을 잃고 죽은 것이나 다름없이 떠났던 사람들이 다시 돈을 들고 카지노로 돌아와 도박을 하고 또다시 돈을 잃고 사라지는 일이 반복되는 것과 매한가지라는 사람들의 해석이 틀리지 않은 것 같았다.

단일 공간으로는 세계에서 가장 넓은 실내 공간으로, 세계 기네스북에까지 등재된 수사의 1층 카지노 객장은 돔구장 열댓 개는 붙여 놓은 것만큼이나 어마어마했다. 다만 한서를 놀라게 한 것이 규모만은 아니었다.

강원도 산골 카지노에서만 게임을 해 본 한서에게 있어 수사는 별천지가 따로 없었다. 블랙잭 전략의 중요한 룰 중 하나인 서렌더 surrender(플레이어가 게임을 포기하고 베팅한 돈의 절반을 돌려받는 것. 단, 딜러가 블랙잭일 경우 선언권이 막혀 그대로 패한다) 규칙을 아예 없애서 무력화시킨 강원랜드와 달리, 수사는 플레이어에게 유리한 여러 게임 룰을 허용했고 엄청난 베팅 디퍼런스 difference(베팅 가능한 최대 한도와 최소 한도의 차이, 줄여서 '디퍼'라고도 부른다)로 그를 유혹했다. 국내 유일의 내국인 카지노로 독점적 지위를 누리고 있는 강

원랜드와 무한 경쟁에 놓인 마카오 최대의 카지노 수사의 차이가 그대로 느껴졌다. 그야말로 극과 극, 세계 최악의 카지노에서 온 한서가 세계 최고의 카지노를 경험하게 된 것이다.

한서는 만약 태삼을 찾는 일로 온 것이 아니었다면, 벌써 자리를 틀고 앉아 자신도 게임을 하고 있었을 거라고 생각했다. 테이블 사이사이를 돌아다니며 태삼을 찾아 헤맨 지도 벌써 3시간째였다. '모래사장에서 바늘 찾기'란 말이 이런 상황을 두고 한 말이 분명했다. 강원랜드를 생각하고 무작정 찾아간 수사는 이름처럼 드넓은 사막 같았다. 이런 곳에서 태삼을 찾는다는 게 진짜 부질없는 짓이라는 생각에 이르렀을 즈음, 한서는 허탈한 발길을 호텔 객실로 돌렸다. 바로 그때, 그의 시야에 반갑고 낯익은 얼굴 하나가 들어왔다. 이쯤 되면, 우연을 넘어 인연이 아닐까 하는 생각이 들 정도였다. 사막에서 오아시스라도 만난 양 반갑게 맞이하는 한서에게 그 역시 손을 흔들었다.

"아니, 여긴 웬일이야? 나 보러 왔어? 빌라에 하자라도 생겼나?"

29

이상한 룰

한서의 눈앞에는 하얀 팔 토시의 문신한 사내가 환하게 웃고 있었다. 강원랜드에서의 첫 만남이 우연으로 이어져 이제는 서로 잘 알고 지내게 된 그는 한서의 첫 부동산, 빌라의 건축주이기도 했다. 한서는 오랫동안 빌라와 오피스텔의 시행과 분양 사업을 해온 그로부터 부동산 투자에 대한 많은 정보와 지식을 얻을 수 있었다.

물론 공통의 관심사 중 하나인 블랙잭 게임이 둘의 관계를 더욱 돈독하게 만들었다는 사실만큼은 부정할 수 없다. 그는 한서에게 부동산 투자 지식을, 한서는 그에게 카지노 게임 전략을 전수했으니 서로 도움이 되는 좋은 관계라고도 할 수 있었다.

큰 덩치에 온몸이 문신으로 가득해 선입견을 가질 수밖에 없는 외모의 그가, 성은 문이요, 이름은 신남, 그렇게 해서 이름이 '문신남'이라고 실명을 밝혔을 때 한서는 웃음을 참을 수가 없었다. 그런 그를 홍콩 마카오, 그것도 수사에서 만나게 된 것이다.

"그런데 사장님은 여기 어쩐 일이세요?"

"두어 달에 한 번씩 정기적으로 출장 오는 곳이지. 랜드가 좁디 좁은 어항이라면 여기는 드넓은 태평양 같다고나 할까? 돈을 벌려면 원양어선을 타야지 않겠어~. 그나저나 자기도 드디어 해외로 진출하는 건가? 제대로 된 시드 모아질 때까지는 플레이하지 않는다며?"

"플레이하러 온 게 아니라, 사람 좀 찾으러 왔어요."

"사람을 찾으러 왔다고?"

"예, 그런데 포기했어요. 여기가 이렇게 큰 곳인 줄은 상상도 못 했네요."

"하하! 여기가 마카오, 아니 세계 최대의 카지노인 걸 몰랐어? 1층 객장만 둘러보는 데도 2, 3일은 족히 걸릴걸? 21층까지 전부 훑어보려면 한 달 정도는 잡아야 하고."

한서는 애써 미소를 지었지만 허탈한 기분을 감출 수 없었다.

"정말 어마어마하더라고요. 지금은 그냥 게임이나 하다 가고 싶네요……. 그런데 여기는 미니멈이 꽤 세더라고요?"

"랜드랑 비교하면 미니멈이 높긴 하지, 하지만 디퍼가 좋아서 자네 스타일로 게임하는 건 훨씬 편할 거야."

"돌아다니면서 보니까 디퍼가 1,000배가 넘는 블랙 다이도 있던데요~."

"하하, 1,000배는 암 것도 아녀. 여기엔 1만 배짜리 다이도 있다더라고."

"1만 배요? 디퍼가 1만 배인 다이가 있다고요?"

휘둥그레진 눈으로 한서가 물었다.

"21층에 가면 세계에서 디퍼가 가장 큰 하이 리미트 VIP룸이 있는데, 거기에 디퍼 1만 배짜리 블랙 다이가 있다던데? 물론 방에 들어가려면 예치금이 미국 돈으로 100만 달러 정도는 있어야 한다니, 우리 같은 잔바리들은 구경조차 힘든 곳이긴 하지~."

"100만 달러면… 10, 10억이요?"

◆ ◆ ◆

문신남과 헤어진 뒤에도 한서는 두근거리는 심장을 주체할 수 없었다. 고작해야 디퍼런스가 100배에 불과한 강원랜드 촌구석에서만 게임을 했던 한서에게 수사는 기회의 땅처럼 보였다. 도박쟁이들 사이에서 '디퍼'라고 불리는 디퍼런스는 최소 베팅과 최대 베팅의 차이를 말하는데, 그 차이가 클수록 플레이어에게 유리했다. 최소 베팅액이 1만 원인데 최대 베팅액이 100만 원이라면 디퍼런스는 100배다. 그런데 디퍼런스가 1만 배라는 것은 한 번에 최대 1억 원까지도 베팅할 수 있다는 뜻이었다. 최소 미니멈 베팅액이 100달러라면 최고 맥시멈 베팅액은 100만 달러, 즉 10억 원이라는 얘기다.

블랙잭 게임의 경우, 게임을 진행하는 동안 오픈된 카드의 데이터를 자료 삼아 다음에 나올 카드를 예측해 승리의 가능성을 높이는 것이 어느 정도 가능하다. 하지만 좋은 베팅 타이밍을 포착하게 되더라도 베팅액에 제한이 있다면, 한 번에 큰돈을 걸 수 없으니 무용지물이다. 그런데 디퍼런스가 1만 배라면 소액 베팅으로 기회를 노리다가 제대로 된 타이밍에 거액을 걸어 큰돈을 벌 수 있다는 말이다. 평소에는 소액 투자로 시장을 지켜보다가 대중이 패닉에 빠질 만한 주가 폭락 상황이 벌어졌을 때, 헐값이 된 주식들을 대량으로 매수하는 전략과 비슷하다고 할 수 있다.

카지노들 대부분은 강원랜드처럼 100배는 아니더라도, 1,000배 이상으로 디퍼런스를 정하지 않는다. 그런데 수사의 디퍼런스가 1만 배라니! 한서는 누구인지는 모르지만, 그런 이상한 테이블 룰을 세팅한 사람은 바보이거나 정신 나간 사람이 아닐까 싶었다. 무엇보다 문신남이 말한 하이 리미트 VIP룸이 어떤 모습일지 궁금해서 견딜 수가 없었다. 한동안 생각에 빠져 있던 한서의 뇌리에, 갑작스럽게 스친 생각이 그를 얼어붙게 했다.

'100억 원 정도를 따야 한다면… 물론 시드 또한 그만큼 있어야

겠지만…… 디퍼 1만 배짜리 다이라면 가능할 수도 있어!'

한서는 황급히 주머니에서 휴대폰을 꺼내, 다영에게 전화했다.

"다영 씨, 지금 어디예요? 같이 가볼 데가 있어요. 싸부님이 있는 곳을 찾은 것 같아요!"

잠시 후. 다양과 한서는 하이 리미트 VIP룸을 향해 걸었다.

"디퍼를 그렇게 크게 한 이유가 있을까요? 돈 많은 VIP들이 몰리는 걸 보면 마케팅적으로는 성공한 것 같긴 하지만……."
"저도 도무지 이해가 안 가요. 카지노에서 테이블 룰 세팅은 수익과 직결되는 건데. 그렇게 리스크가 큰 룰을 유지하다가… 제대로 된 선수를 만나기라도 하면, 한방에 큰돈을 잃을 수도 있거든요. 만약 싸부님이 여기 있는 게 맞다면, 게임을 할 만한 곳은 거기뿐이에요."

하이 리미트 VIP룸 입구에 도착한 둘은, 1층의 일반 객장과는 비교도 할 수 없을 만큼 화려한 전경에 입을 다물 수가 없었다. 한서가 출입을 통제하고 있던 보안 요원에게 물었다.

"여기가 하이 리미트 VIP룸, 맞나요?"

30

새로운 선수

태삼은 가지고 온 달러 전부를 게임 칩으로 교환했다.

900만 달러. 원화로는 100억 원에 달하는 어마어마하게 큰 금액이었다.

"이 쪼깐한 플라스틱 쪼가리 하나가 100만 달러라고? 강남 아파트 한 채가 지나치게 가벼운 거 아녀?"

2016년 당시의 강남 은마 아파트 가격이 10억 원 정도였으니, 과장이 아니었다. 태삼은 테두리가 에메랄드로 촘촘히 장식된 100만 달러짜리 칩을 바라보며 잠시 회한에 잠겼다. 그렇게 혼잣말을 읊조리니 저도 모르게 헛웃음이 새어 나왔다.

그리고 10만 달러짜리 칩 1개를 자신의 베팅구 위에 조심스럽게 올리며, 그는 자신에게 있어 마지막이 될지도 모르는 일생일대의 베팅을 시작했다.

태삼의 베팅구에 놓인 10만 달러짜리 칩을 보며 엄지를 치켜 보인 주변의 플레이어들은, 기대와 우려가 반씩 섞인 눈빛으로 그의 모험을 구경했다. 내로라하는 부자들로 가득한 하이 리미트 VIP룸에서도, 한 번에 10만 달러짜리 칩을 베팅하는 것은 흔한 일이 아니었다.

그런데 순간, 문제가 발생했다.

카드를 딜링하려던 딜러를 갑작스럽게 제지한 건 테이블을 관리하는 플로어 퍼슨floor person(게임의 원활한 진행과 좋은 분위기를 만드는 역할을 하는 피트 보스)이었다. 귀에 꽂은 리시버의 무전 소리에 귀를 기울이던 그가 태삼에게 다가와 말했다.

"죄송한데, 손님은 저희 카지노에서 게임을 하실 수 없습니다."

예상치 못한 상황에 크게 당황한 태삼이 그 이유를 물었다.

"내부 규정상 이유는 말씀드리지 못하게 되어 있습니다. 죄송합니다."

단호하고 거침없는 말투였다.

카지노 중에는 과거 심각한 문제를 일으킨 전력이 있거나 계속해서 돈을 따 가는 고수들을 블랙리스트에 올려 두고 따로 관리하는 경우도 있었다. '마카오 샨'이라는 별명으로 한때 마카오의 카지노들을 돌며 돈을 쓸어갔던 태삼에게는 어쩌면 당연한 조처였을지도 몰랐다.

태삼은 베팅구에 올렸던 칩들을 조용히 거두고는 자리에서 일어났다. 지금 자신이 할 수 있는 건 이것뿐이라는 것을 그는 너무나 잘 알고 있었다.

하지만, 5년이었다. 그 긴 시간 동안 준비한 계획이 카지노 측의 '게임 거부'라는 간단한 사유로 한순간에 물거품이 되었다. 허탈하고 황망한 마음을 추스를 방법을 알 수 없어 태삼은 한동안 그 자리에 서 있었다. 그의 깊은 절망감은 다행히 오래가지 않았다.

힘없이 VIP룸을 빠져나온 태삼은 자신의 두 눈을 의심하지 않을 수 없었다. 유난히 큰 키, 익살스러운 눈웃음, 멀리서 봐도 한서가 분명했다. 그는 지금 막 보안 요원에게 VIP룸의 입장 거부를 통보받던 차였다. VIP룸 입장을 위해 필요한 10억 원에 달하는 예치금이, 한서에게 있을 리 만무했다.

"아니…… 니가 왜, 여기 있는 겨?"

놀란 태삼의 물음에 한서는 대답도 없이 뚜벅뚜벅 그에게 다가와, 긴 팔을 벌려 태삼을 부둥켜안았다. 마치 엄마 품에 안긴 어린아이처럼, 태삼은 한서의 품에 안긴 채로 벌린 입을 다물지 못하고 있었다.

"싸부님~. 저, 안 보고 싶었어요?"

5년 만에 만난 태삼의 머리칼은 그간의 마음고생을 보여주듯 백발로 변해 있었다.

"싸부님… 머리가……."
"염색한 거여, 염색. 요즘은 화이트가 대세라 하드만…."

놀라움 반 걱정 반으로 묻는 한서의 질문에도 태삼은 예의 여유로운 유머를 잃지 않았다.

"아저씨……."
"다영아, 너는 여기 있으면 안 되는디……."

눈물까지 글썽이며 다가오는 다영에게 말은 그렇게 했지만, 태삼은 그녀를 향한 애틋함과 반가움을 감출 수 없었다.

◆ ◆ ◆

잠시 후, 그들은 VIP룸 바로 옆에 있는 스카이라운지 한편에 자리를 잡고 그간의 안부를 물었다.

"그런데 느히 둘은 이제 사귀는갑네? 같이 이런 데까지 다 오 고……."

괜한 헛기침을 하는 한서와 붉어진 얼굴을 애써 감추는 다영. 한 서는 어색해진 분위기를 바꾸려는 듯, 황급히 말을 돌렸다.

"그런데… 싸부님~. 100억이 물론 큰돈이기는 하지만 그 정도 돈으로 여기를 무너뜨리는 건 불가능해 보이는데요? 이 정도 규모 라면…… 한 1,000억 정도는 따 가야 조금 휘청이나 할까 싶은데 말이죠."
"1,000억이 다 뭐냐…. 조 단위를 따 가도 여기는 망하지 않을 거다."

태삼이 허탈하게 웃으며 말했다.

"그럼 싸부님이 얘기했던 건 다 뭐예요? 예전에 말씀하셨던 그 카지노가 여기 아니었어요? 분명히 수사…라고 하셨는데."
"아까 느그들이 서 있던 그 하이 리미트 VIP룸 안 있냐? 거기가 내가 말한 바로 그곳이여. 카지노 안의 카지노, 정킷룸."

태삼은 그 정킷룸을 자신이 왜 무너뜨리려고 하는지 그리고 최철두가 어떤 놈인지 한서와 다영에게 하나하나 설명해 주었다.

"그란데… 이자는 모든 것이 글러먹어 부렀다. 복수고 뭐고 다 물 건너갔단 말이여."

태삼이 탄식에 가까운 숨을 내쉬며 말했다.

"그래도 이제 싸부님한테는 100억이 있으니 빚 싹 갚고, 남은 돈으로 만수무강하시면 되는 거 아니에요?"

한서가 축 처진 분위기를 전환해 볼 요량으로 농담을 던졌다.

"이게 어디 다 내 돈이겠냐. 이자까지 쳐서 갚아야 하는디 큰일이다. 아예 목숨줄을 끊어 놓는 것이 유일한 방법이었는디……."
"모… 목숨줄이요?"
"그런 놈들헌티는 돈줄이 곧 목숨줄 아니겠냐."

안타까운 듯 고개를 가로젓던 태삼이 순간, 무언가를 자각한 듯 한서에게로 시선을 돌렸다. 그리고 이내 진지한 말투로 한서에게 말했다.

"니가… 니가 한번 해 보면 어떻겠냐?"

예기치 못한 태삼의 제안에 한서는 물론 다영까지 어안이 벙벙
해졌다.

확실하지 않으면 승부를 걸지 말 것

"아니, 아무리 그래도… 제가 이렇게 큰판에 어떻게 껴요? 확실하지 않으면 승부를 걸지 마라! 〈타짜〉 안 보셨어요?"

한서는 영화 〈타짜〉의 유명한 대사까지 읊어가며 태삼의 제안을 일언 지하에 거절했다.

"나가 아무 준비도 없이 니를 사지에 몰아 넣겠냐? 다 계획이 있단 말이여."
"계획……이요?"

한서가 세상에서 가장 멍청한 테이블 룰이라고 생각한 디퍼런스 1만 배의 게임룰은, 사실 태삼이 미리 설계해 놓은 것이었다. 태삼은 철두의 무한한 탐욕을 자극하면서 부자들을 그의 정킷룸으로 유인할 수 있는 묘책이 있다고 꼬드겼다. 바로 세계 최고의 하이 리미트 게임 테이블을 만들자는 것이었다.

그 전략은 과연 효과가 있었다. 슈퍼 리치들이 가지고 있는 부에 비해 지나치게 낮은 베팅 제한으로 도박에 흥미를 잃어가던 그때, 철두의 하이 리미트 정킷룸에 대한 소식을 접한 것이다.

그들은 성지 순례하듯 철두의 정킷룸으로 몰려들기 시작했고, 급기야 개인 SNS에 수사의 하이 리미트 VIP룸 인증샷이 없으면 진짜 슈퍼 리치가 아니라는 얘기까지 나돌았다.

하지만 카지노 밥만 20년 가까이 먹으며 잔뼈가 굵은 철두는 그리 호락호락한 상대가 아니었다. 베팅 한도가 올라가면 디퍼런스도 커질 수밖에 없다는 걸 잘 알고 있었기에, VIP룸에 출입할 수 있는 예치금 한도를 100만 달러 이상으로 높여서 진짜 돈 많은 부자들만 게임에 참여할 수 있게 했다.

어디 그뿐인가? 태삼과 같은 선수들이 인생 한 방을 노리고 도전하는 것을 막기 위한 비책도 세워 두었다. 마카오 내 거의 모든 카지노의 출입 기록 데이터를 수집해 신분이 확실하지 않거나 초대된 VIP 외에 일정 횟수 이상의 카지노 출입 기록을 가진 사람은 아예 게임에 참여할 수 없게 하는 촘촘하고 깐깐한 이중 삼중의 안전책을 마련한 것.

일반인이라면 100만 달러라는 큰돈을 예치하면서까지 게임에 참여하지 못할 것이고, 자금력과 실력을 갖춘 경험 많은 선수라면 카지노에 접근하는 것조차 시도하지 못할 테니, 훌륭한 대비책이었다. 말 그대로, 돈 많은 호구만을 상대로 장사하는 것이 세계 최고의 하이 리미트 VIP룸의 실체였다.

태삼은 철두가 다영을 만나러 한국에 간 틈을 노려 자신이 직접 세팅해 둔 룰을 이용해 그의 카지노를 털 계획을 세웠다. 하지만 출입 제한 데이터에 명단이 올라 있던 탓에 게임을 시작조차 할 수 없었던 것이다. 다만 철두의 빈틈없어 보이는 보안망도 이전 카지노는 물론 마카오 입국 데이터조차 존재하지 않은 한서를 걸러낼 순 없었다. 태삼이 마련한 돈으로 VIP룸 입장만 가능하다면, 한서야말로 지금 이 순간 철두의 카지노를 쓰러뜨릴 수 있는 최적의 선수라고 할 수 있었다.

"그래도, 그것만으로는……."

가만히 앉아 태삼의 설명을 들었음에도, 한서는 여전히 자신 없는 듯 한숨을 크게 내쉬었다.

◆ ◆ ◆

얼마 후, 한서의 걱정에도 불구하고 게임은 시작되었다.

태삼과 다영이 멀찍이 떨어져서 지켜보는 가운데, 한서는 대국을 앞둔 바둑기사처럼 중압감 속에서도 침착한 표정으로 10만 달러짜리 칩 하나를 테이블 위에 올렸다. 하지만 그가 칩을 올려놓은 곳은 원 모양으로 표시된 베팅구가 아닌 원 밖의 빈 공간이었다. 이는 칩을 더 낮은 단위의 칩으로 교환해 달라는 신호였다.

"이런 큰 판에서는 저런 식으로 하믄 이기기 힘든디……."

태삼이 우려 섞인 표정으로 나지막이 속삭였다.

"이기기 힘들다고요?"

"작은 베팅액으로 꾸준히 이겨 나가는 전략을 쓰려는 모양인데…… 정도껏 해야지 자칫하면 쫓겨날 수도 있거든. 게다가 목표가 자그마치 1,000만 달러란 말이여. 지도 모르게 겁이 난 게지."

태삼의 설명에 다영의 미간이 찌푸려지며 걱정스러운 표정으로 바뀌었다. 딜러는 한서가 내민 10만 달러짜리 칩을 진홍색의 1만 달러짜리 칩 10개로 바꾸어주었다. 한서는 딜러에게 건네받은 10개의 진홍색 칩 중 1개를 들어 또다시 테이블 위에 올려놓았다. 그런데 이번에도 베팅구가 아닌 빈 공간에 칩을 올렸다. 딜러는 한서의 얼굴을 한차례 주시한 후, 이번에도 그의 1만 달러짜리 칩을 10개의 1,000달러짜리 칩으로 바꾸어주었다.

"저놈아가… 간이 아주 콩알만 해졌나 보구만."

태삼이 걱정스러운 말투로 중얼댔다.

한서는 무슨 의식이라도 치르듯 똑같은 몸짓과 행동으로 늙은 황소 걸음걸이처럼 느긋하게 계속 칩만 교환했다. 그사이 짧지 않은 시간이 흘렀다. 그의 테이블 위에는 10만 달러짜리 칩 9개와 1만 달러짜리 칩 9개, 1,000달러짜리 칩 5개가 가지런히 한 줄로 쌓였다. 그리고 그 바로 옆에는 100달러짜리 칩 50개가 수북하게 쌓였다. 한서는 그제야 모든 의식을 마쳤다는 듯, 그중 100달러짜리 칩 1개를 들어 베팅구에 살며시 올려놓았다.

"아니, 저놈아 머리가 어떻게 되아뿐 게 확실헌디?"

태삼의 한탄에 다영은 저도 모르게 '훗' 하고 웃음이 터져 나왔다. 그도 그럴 것이, 이곳 하이 리미트 VIP룸 안에서는 100달러짜리 칩으로 베팅하는 사람은 찾아볼 수 없었다. 룰로 정해진 것은 아니었지만, 베팅 자금이 100만 달러 이상은 있어야 게임 참여 자격이 주어지는 이곳에서 가장 흔하게 사용하는 칩은 1,000달러짜리 칩이었다.

가끔 음료 서빙하는 직원에게 100달러짜리 칩이 팁 용도로 사용되긴 했지만, 100달러로 베팅하는 플레이어는 단 한 명도 없었다. 자신을 캄보디아에서 온 무기상이라고 밝힌 사내가 한서의 행동을 지켜보다가 짜증이 극에 달했는지 빨리 게임을 시작하라며 테이블을 두드려댔다. 그의 베팅구에는 1만 달러짜리 칩이 무려 3개나 올려져 있었다.

잠시 후.

한서의 베팅구 앞으로 A 카드가 펼쳐졌다. 그리고 얼마 후, 이번에는 K가 펼쳐졌다. 가장 높은 패, '블랙잭'이었다. 한서가 한 손을 번쩍 들어 딜러에게 엄지를 치켜들었다. 블랙잭으로 딜러를 이길 경우, 150%의 배당이 지급됐다.

"블랙잭, 축하드립니다."

딜러가 100달러짜리 칩 1개와 50달러짜리 칩 1개를 페이하자, 한서가 자신의 앞에 놓인 칩들 위에 이를 하나씩 지나치게 정성스럽고 가지런하게 올려놓았다. 그 행동이 너무나도 신중하고 느린 나머지, 이를 지켜보던 다영마저 하품이 나올 지경이었다.

"그래도 시작은 좋네요."
"이제 900만 달러 하고도 150달러가 되아 부렀네."

애써 미소를 지어 보이며 건넨 다영의 말에, 태삼이 한심하다는 듯 한숨을 내쉬며 대답했다. 100억 원을 목표로 하는 큰 게임에서 한서가 지금 딴 돈은 고작 15만 원에 불과했다.

"처음부터 큰 베팅은 안 된다고 가르치셨잖아요. 이제 본격적으로 시작하겠죠."

하지만 한서는 이번에도 100달러짜리 칩을 베팅구에 올렸다.

"대체, 무슨 생각으로 저러는 거여? 몇 시간 안에 게임을 마쳐야
한다고 그렇게 일렀는디. 저런 속도로는……."

태삼이 걱정스러운 한편 불만에 찬 목소리로 투덜거렸다.

"그래도… 무슨 생각이 있어서 저러는 거 아닐까요?"

32

세븐 스플릿

답답하고 지루해 보이는 게임이 계속 진행되었다.

이번에는 한서의 베팅구 앞에 카드 2와 9가 펼쳐졌다. 합은 11, 딜러의 업 카드는 6이었다. 더블 다운(베팅한 금액과 동일한 액수를 추가 베팅한 후 단 1장의 추가 카드만 받고 딜러와 승부를 가르는 것)할 수 있는 좋은 기회가 온 것이다.

하지만 한서는 그러지 않았다. 태삼은 베팅 금액을 두 배로 늘려 큰돈을 딸 수 있는 좋은 기회를 날려 버린 그가 원망스럽기까지 했다. 그런데 이번엔 한서가 또다시 기이한 행동을 벌였다.

히트와 스탠드(카드를 추가로 받지 않고 이대로 딜러와 승부하는 것), 그러니까 추가 카드를 받을지 말지를 묻는 딜러에게, 한서가 고민스럽다는 표정으로 한참이나 카드만 바라보고 있었던 것이다. 딜러는 한서가 더블 다운을 고민 중이리라 생각하고는 판단할 시간을 좀 더 허용해 주었다. 하지만 그 뒤로 한참이 지났는데도 한서는 침묵을 지키고 있었다. 결국 딜러는 세계 최고의 베팅이 가능한 하이 리미트 테이블에서 달랑 100달러만 걸고 장고를 하는 그를 더는 참을 수 없다고 판단했는지, 다소 불만스러운 목소리로 그에게 물었다.

"손님? 더블 다운입니까?"

한서의 바로 옆자리에 앉은 일본인 부부는 기도 중인 수도승처럼 눈을 지그시 감고 짜증을 억누르려 애쓰고 있었다. 하지만 한서는 아랑곳하지 않고 딜러에게 조금만 더 고민할 시간을 달라는 듯 손을 들어 보이며 아무것도 하지 않았다.

"대체 왜 저러는 겨? 바짝 쫄아서 그러는 건가?"

태삼 역시 한서의 기이한 행동을 참기 힘들었는지 그대로 눈을 질끈 감았다. 시간이 조금 더 흘러 더는 이 상황을 그대로 둘 수 없다고 판단한 플로어 퍼슨이 한서에게 다가와 정중하게 말했다.

"손님, 이렇게 고의적으로 게임을 방해하시면 다음부터 출입을 정지당하실 수 있습니다."
"다음부터라고요?"

"예, 맞습니다."

"그럼, 오늘은 괜찮다는 거네요. 저는 어차피 오늘만 하고 안 할 거라서요."

한서의 뻔뻔한 대답에 플로어 퍼슨도 당황스러웠는지 선뜻 대답을 못 했다. 하지만 그는 이내 한서의 행동을 제지할 다른 방법이 있을지 찾기 위해, 마지못해 허리를 굽혀 인사를 하고는 자리를 떠났다. 한서가 말했다.

"히트!"

곧 숨이 멎을 듯한 표정으로 한서의 입술만 보고 있던 딜러가 이제야 숨통이 트인 듯 안도하며, 추가 카드를 한서의 카드 위로 펼쳤다. 카드 10이었다.

"21! 블랙잭!"

짜증 섞인 딜러의 카운트를 듣고서 한서는 이번에도 최고라며 엄지를 딜러에게 치켜세웠다. 그 순간, 아까부터 어이없다는 표정으로 지켜보던 배불뚝이 중국인 사내가 드디어 인내심이 모두 바닥났는지 자리에서 벌떡 일어나 테이블을 떠나 버렸다.

그 후로도 한서의 기행이 이어지자, 일본인 사업가 부부와 캄보

디아 무기상 등 동반 플레이어들이 하나씩 테이블을 떠났다. 급기야 그 테이블에 플레이어라고는 한서 혼자만 남게 되었다. 마지막 플레이어가 자리를 박차고 일어설 때도, 한서는 자기 잘못은 아니라는 듯 어깨를 으쓱하며 웃을 뿐이었다.

딜러 역시 한국에서 온 진상 손님을 피해 도망가고 싶은 모양이었지만 그렇게 할 수 없는 상황이 미치겠는지 잔뜩 인상을 찌푸린 채 자리를 지키고 있었다. 그런데 그때, 갑자기 한서가 고개를 돌려 태삼과 다영을 바라보더니 의미심장한 미소를 지었다.

지금까지의 태도와는 전혀 다른, 장난기라고는 눈곱만큼도 찾아볼 수 없는 진지하고도 날카로운 모습이었다. 흡사 목숨을 걸고 결전을 치르러 가는 검투사의 모습 같았다.

그런데 그때 무언가를 결단한 것이 분명한 플로어 퍼슨이 중요한 지령이라도 전달하듯 한서가 앉은 테이블로 뚜벅뚜벅 걸어와 검투사의 앞을 막아섰다.

"손님, 이제 그만 일어나 주셔야겠습니다."
"예, 그러죠."

완강히 거부하리라 예상했던 한서가 순순히 자리에서 일어서자, 되려 플로어 퍼슨이 당황하며 일이 이렇게 되어 미안하다는 표정을 지었다. 그럼에도 앓던 이를 뺀 것처럼 시원한 기색은 역력했다. 그때 테이블을 떠나려던 한서가 그에게 물었다.

"그런데요… 가기 전에, 딱~ 한 판만 더 하면 안 될까요?"

한서의 마지막이라는 부탁에 플로어 퍼슨은 무슨 큰 아량이라도 베푸는 것처럼 시원스럽게 답했다.

"네, 그러시죠."
"고마워요."

매너 있는 말투로 감사를 전하는 한서에게, 플로어 퍼슨도 골치 아픈 문젯거리를 쉽게 해결한 것이 스스로 자랑스러웠는지 미소를 지어 보였다. 하지만 그런 그의 표정이 싸늘하게 식은 건 그로부터 1초도 지나지 않아서였다.

한서가 테이블에 앉은 이후 단 한 번의 눈길조차 주지 않았던 10만 달러짜리 칩 9개를 모조리 베팅구에 올려놓은 것이다. 원화로 10억 원에 달하는 큰돈이었다.

딜러는 자신의 칩을 챙겨서 떠나는 줄 알았던 한서가 별안간 테이블 위 자신의 칩 모두를 베팅구에 올려놓으니 당황할 수밖에 없었다. 하지만 그들을 더욱 기겁하게 만든 것은 한서의 그다음 행동이었다.

주섬주섬 바지 주머니에서 무언가를 꺼낸 한서의 손에는 100만 달러짜리 에메랄드빛 칩들이 반짝이고 있었다. 그는 경험 많은 프로 도박사 같은 현란한 손놀림으로 100만 달러짜리 칩들을 나머지

6개의 베팅구에 하나씩 올려놓았다.

그렇게 그가 단 한 판의 게임에 베팅한 금액은 모두 합쳐 700만 달러였다. 원화로는 80억 원에 달했다.

그 모습을 지켜보던 태삼이 한서의 전략이 무엇이었는지를 알아차렸는지, 신음 같은 괴이한 소리를 내뱉으며 뜻 모를 말을 중얼거렸다.

"저 녀석이… 분신술을 부리려던 거였구먼."
"분신술이라니요?"

놀란 다영이 태삼의 말을 그대로 따라 하며 물었다.

한서는 처음부터 팀플레이를 원했다. 다만 블랙잭 게임은 아무리 고수라고 해도 실력이 부족한 동반 플레이어를 만나는 순간, 미리 짜 놓은 전략이 수포로 돌아갈 수 있었다. 블랙잭은 개인 플레이어와 딜러의 싸움이기도 하지만, 종종 플레이어들 전체와 딜러의 싸움으로 번지곤 했기 때문이었다.

딜러가 받는 마지막 카드를 10이 되게 해 딜러 버스트 상황을 만들거나 딜러가 '로우 카드'를 받게 만들려면 플레이어들 전체의 협동 작전이 필요했다. 예를 들어, 플레이어들에게 돌아간 직전의 카드들이 대부분 로우 카드였다면 확률상 다음 카드는 10일 가능성이 컸기에 10 카드가 필요한 플레이어라고 해도 플레이어 전체의 승리를 위해 추가 카드를 받지 않는 결단이 필요한 것이다.

한서는 일부러 지나치게 느리고 답답한 행동을 취하면서 자신의 중요한 게임에 전혀 도움이 되지 않을 것으로 보이는 부자 호구들을 모두 제거시킨 것이었다. 거기다 7개의 베팅구에 모두 베팅함으로써 마치 분신술을 부리듯 자신과 똑같은 실력을 지닌 7명의 동반 플레이어를 한 테이블에 앉히는 것과 똑같은 효과를 만들어 냈다.

이제 이 블랙잭 테이블에는 7명의 실력 있는 선수들이 원팀으로 게임을 하게 된 것이었다.

33

무리수

"이렇게 해도 되죠?"

무려 700만 달러의 칩을 베팅구에 모조리 건 한서가 천연덕스러
운 얼굴로 플로어 퍼슨에게 물었다.

"예…? 예. 그렇기는 한데……."

전체적으로 보면 베팅 한도액을 훨씬 초과하는 금액이긴 했지
만, 플레이어당 최고 베팅 한도액인 100만 달러를 초과한 것은 아
니었기에 문제 될 것이 없었다.

갑자기 벌어진 이 초유의 사태를 당황 반 놀라움 반으로 맞게 된
플로어 퍼슨도 이성을 잃기 직전이었다. 방금 전까지만 해도 VIP

룸에서는 좀처럼 사용하지 않는 100달러짜리 조막손 베팅으로 쫓겨나기 일보 직전이었던 사내가 지금껏 한 번도 본적 없는 풀베팅을 한 것이다.

사실 맥시멈 베팅액을 100만 달러로 정해 놓기는 했지만, 지금껏 수사 정킷룸의 공식적인 최고 풀베팅 금액은 80만 달러였다. 단 3시간 만에 200만 달러를 날리고 이성을 잃은 아랍 왕자가 그 주인공이었다.

그런데 한국에서 온, 이름도 알려지지 않은 젊은 남자 하나가 아랍 왕자의 기록을 깨는 건 물론, 그것도 7개의 베팅구에 최고 한도액을 콱콱 채우는 말도 안 되는 베팅을 한 것이다. 눈으로 보고도 믿을 수 없는 광경이었다.

"저놈아… 한 번에 크게 먹으려는 거여."

"예?"

"한 번에 크게 먹으려고 일부러 게임을 엉망으로 해서 다른 사람들을 내쫓은 거제. 사실 나도 어느 정도 이길 자신은 있었지만, 다른 플레이어들이 문제였제. 그들의 행동이 큰 변수니께."

"혼자서 게임을 하기 위해서 일부러 그랬다는 거군요."

다영이 이제야 알겠다는 듯 고개를 끄덕였다.

"딜러와의 1대 1 승부를 위해서 계속 기다려왔던 거여."

VIP룸 안이 웅성거리더니 테이블 주위로 사람들이 하나둘 몰려들었다. 멀리서 한서를 지켜보고만 있었던 태삼과 다영도 어느새 한서의 테이블 옆으로 다가와 있었다. 얼마 후, 흑인 핏보스와 상의를 하고 돌아온 플로어 퍼슨이 딜러에게 게임을 진행해도 좋다고 허락했다. 딜러는 엄청난 베팅 금액이 걸린 만큼 신중하게 카드를 오픈하기 시작했다.

첫 번째 등장한 카드는 A였다.

업 카드 중 최고라 할 수 있는 에이스의 출현에 주변 사람들이 열광했다. 이후로도 카드가 1장씩 오픈될 때마다 재미있는 한 편의 뮤지컬을 보는 관객이라도 된 양, 사람들은 좋은 카드에는 열광적인 환호와 박수로, 안 좋은 카드에는 우려와 걱정의 탄식으로 반응했다.

초구인 1구에서부터 마지막 베팅구인 7구까지 모든 플레이어의 업 카드가 오픈된 후 드디어 딜러의 업 카드가 오픈되기 직전, 소란스러웠던 카지노 안이 쥐 죽은 듯 고요해졌다.

블랙잭 게임은 플레이어의 카드도 중요하지만, 딜러의 업 카드에 승패가 크게 좌우된다는 것을 모두 알고 있었기 때문이다. 잠시 후, 딜러의 업 카드가 오픈되자 딜러가 한숨 섞인 목소리로 카운팅을 했다. 4였다.

구경꾼들의 열광과 환호 소리가 울려 퍼졌다. 한서 역시 승리에 가까워졌다는 듯 미소를 지었고, 태삼과 다영도 안도의 한숨을 내쉬었다. 블랙잭 게임에서 딜러의 업 카드가 4인 상황은 플레이어에게 유리한 상황임이 분명했다. 딜러 버스트 가능성이 컸기 때문이다. 다영은 자신의 눈앞에 펼쳐지고 있는 광경이 너무나 아득해 잠시 자신이 꿈을 꾸고 있는 것은 아닐까 생각했다.

한서의 계획은 이랬다. 딜러와의 1대 1 싸움에서 이길 가능성은 그저 50%일 뿐이다. 이기거나 지게 될 테니 말이다. 하지만 7대 1이라면 얘기가 달라진다. 말 그대로 승률이 달라지는 것이다. 물론 최악의 경우, 딜러가 20 이상의 높은 패를 갖게 된다면 7명의 플레이들이 전멸할 가능성도 있긴 했지만 위험을 분산시킨다는 측면에서 보면, 1대 1보다는 1대 7이 훨씬 더 안전한 구조라고 할 수 있었다.

세븐 스플릿.

이 안전한 구조에 만약 딜러가 버스트라도 된다면, 단 한 판의 게임으로 목표로 삼은 100억 원을 얻을 수 있었다.

34

빅게임

블랙잭 게임의 기본 룰은 아주 단순하다.

딜러와 플레이어가 각각 2장의 카드를 받아 두 카드의 합이 21점 또는 21점에 가장 가까운 쪽이 이기는 게임이다. 만약 딜러의 카드가 '10+7', 플레이어의 카드가 '10+8'이라면 딜러의 카드 합은 17이고 플레이어의 카드 합은 18이므로 플레이어가 승리한다. 참고로, 에이스(A)는 1도 되고 11도 되는 카드이며, J, Q, K 같은 그림 카드들은 모두 10으로 간주한다.

그런데 만약 플레이어가 자신이 받은 카드의 숫자 합이 딜러의 카드 숫자 합보다 낮을 거라 예상하면 얼마든지 카드를 추가로 받을 수 있다. 단, 여기에 1가지 룰이 더 존재하는데 숫자를 높이기 위해 카드를 추가로 받다가 그 합이 21을 초과해 버리면 상대방의 카드 합과는 관계없이 무조건 패하게 된다는 것이다. 이 같은 상황

을 블랙잭 게임에서는 '부서져 버렸다'라는 뜻을 지닌 '버스트bust'
라고 표현한다. 다만 한서는 7명의 플레이어로 게임했기에 딜러보
다 높은 패를 만드는 전략이 아닌, 딜러를 버스트시킬 계획을 세웠
다. 그렇게 하면 단 한 판의 게임으로도 높은 확률로 큰 승리를 거
둘 수 있으리라 본 것이다.

하지만 현실은 그리 녹록지 않았다.

1번 플레이어: 1(A)+5+8=14 → 100만 달러 베팅

2번 플레이어: 7+6=13 → 100만 달러 베팅

3번 플레이어: 7+3+7=17 → 200만 달러 베팅(더블 다운)

4번 플레이어: 10(J)+6=16 → 100만 달러 베팅

5번 플레이어: 5+5+9=19 → 200만 달러 베팅(더블 다운)

6번 플레이어: 10+8=18 → 100만 달러 베팅

7번 플레이어: 4+6+11(A)=21 → 100만 달러 베팅

마지막에서야 겨우 21을 만들어 놓기는 했지만, 메이드다운 메
이드 하나 없는 초라한 카드들의 면면에 한서는 걱정인지 안타까
움인지 모를 한숨만 몰아쉬었다.

심지어 3번 플레이어와 5번 플레이어가 기세 좋게 더블 다운을
하는 바람에, 전체 베팅 금액이 전 재산인 900만 달러가 된 상황이
었다. 구경꾼들 역시 난생처음 보는 흥미롭고도 진귀한 광경에 그
저 넋을 잃고 있었다.

한서의 손동작에 모든 시선이 집중된 순간, 사람들이 또 한 번 탄성을 내질렀다. 한서가 손가락으로 테이블을 두드린 것이다. 딜러 역시 당황했는지 그의 의향을 다시 한번 물었다.

"현재, 21입니다."

블랙잭 게임에서 21은 이미 이긴 것과 다름없는 가장 높은 숫자 패인데, 한서가 추가 카드를 요청한 것이었다.

A(에이스) 카드는 11도 되지만 1도 되므로 1장의 카드를 추가로 받더라도 21을 초과하는 버스트가 되진 않지만, 추가 카드가 10이 아닐 경우 원래의 21보다 더 낮은 숫자가 될 수 있었다.

구경꾼들 역시 한서가 너무 긴장한 나머지 계산 실수라도 한 것이 아닌가 싶어, "21… 21!"이라고 외치며 스테이를 하라고 조언했다. 그런데도 한서의 손동작은 여전히 바뀌지 않았다. 딜러의 눈을 바라보며 한서는 실수가 아니라는 듯 고개를 끄덕이고는 여전히 손가락으로 테이블을 두드렸다. 딜러의 패가 최종적으로 17이라면 비기게 되고, 19 이상이라면 전 재산을 잃을 수도 있는 위험천만한 상황이었다.

딜러는 한서의 의중을 재차 확인하고는 이미 반쯤은 구경꾼이 되어 넋을 잃고 게임을 지켜보던 플로어 퍼슨에게 손을 들어 보였다. 가끔 플레이어가 정상적이지 않은 플레이를 할 경우, 나중에 실수였다고 우기는 일이 없도록 재확인하는 통상적인 절차였다.

이미 게임을 보고 있던 플로어 퍼슨에게 따로 상황을 설명할 필요도 없었기에, 딜러는 말 없이 눈빛으로만 확인을 요청했다.

플로어 퍼슨 역시 한서의 히트 제스처에 당황한 듯했지만, 멀찍이 서서 그들을 지켜보던 건장한 체구의 흑인 핏 보스가 흰자위를 치켜뜨고 고개를 끄덕이면서 이내 추가 카드를 오픈할 것을 허락했다.

이윽고 재빠른 딜러의 손동작과 함께 오픈된 카드는 7이었다.

"18입니다."

딜러의 다소 상기된 목소리에 사람들은 일제히 박수를 치며 환호했다.

18은 원래의 패였던 21보다 낮은 패였지만, 한서가 그냥 '스테이'를 했더라면 딜러의 업 카드 4에 7이 더해지며 11이 될 뻔한 아찔한 순간을 모면할 수 있었기 때문이었다. 사람들은 놀라움을 금치 못하며, 한서가 앞으로 나올 카드를 미리 알고 있었던 게 아닐까 하는 의구심까지 품으며 웅성댔다.

그도 그럴 것이 만약 한서가 아주 당연하게도 21에서 그냥 스테이를 선택했더라면 딜러의 히든 카드가 10이라는 가정하에 '4+10+7=21'이 되어 한서가 모든 돈을 날리게 되었을 것이었다.

100억 원이 한순간에 공중으로 분해되는 상황을 피한 것이다. 그제야 한서는 강하고도 시원스럽게 손을 가로젓는 '스테이' 신호를 보냈다. 그러고서는 자신이 해야 할 일은 모두 끝났다는 듯 팔짱을 끼고 몸을 뒤로 젖힌 후 그간 참아왔던 긴 한숨을 내쉬었다.

"18, 스테이입니다."

기나긴 싸움에 지친 듯 딜러는 식은땀까지 흘리며 들키지 않을 정도의 미세하게 떨리는 손으로 딜러 히든 카드를 오픈했다.

구경꾼들은 "장, 장!", "픽처, 픽처!", "박스, 박스!" 등 제각기 다른 그들만의 모국어로 10 카드를 의미하는 주문을 외우며 한서를 향한 응원을 시작했다. 일단은 딜러의 히든 카드가 예상대로 10이어야 한서가 노리는 딜러 버스트의 가능성이 커지기 때문이었다.

무려 100억 원이 걸려 있는, 한 사람의 플레이어가 베팅할 수 있는 거의 최대치가 단 한 판의 승부로 결정되는, 카지노 역사에 길이 남을 명승부가 펼쳐지고 있는 순간이었다. 하지만 한서를 비롯한 구경꾼들 모두의 바람과는 달리 오픈된 딜러의 히든 카드는 8이었다.

"12······."

딜러의 나지막한 목소리에 사람들은 일제히 숨을 죽였다.

한서가 받아 놓은 카드들의 면면을 볼 때, '딜러 버스트'가 아니면 죽음뿐이라는 사실을 모두가 알고 있었다. 그렇기에 마지막 카드가 10이 아닌 상황은 상상하는 것조차 무서웠다. 딜러 역시 엄청난 긴장감 속에서도 평생 다시는 경험해 보지 못할 빅게임의 마지막이 될 순간을 여한 없이 즐기고 싶다는 생각이 들었다. 그는 억지로 엷은 미소를 끌어올리며 빠른 손놀림으로 마지막 카드를 오픈했다.

만약 딜러가 오픈한 마지막 카드가 10, J, Q, K 중 하나라면 한서의 완벽한 승리, 6, 7, 8, 9 중 하나라면 대다수의 플레이어가 패하게 되므로 한서의 쓰디쓴 패배였다! 일반적인 승률은 5대 5라고 할 수 있었다.

지금까지 지나치리만큼 의연해 보였던 한서도 이 결정적 순간만큼은 중압감을 견디기 힘들었는지 두 눈을 질끈 감았다.

"아!"

마지막 카드가 오픈되는 순간, 비명인지 탄성인지 모를 소음들이 여기저기서 터져 나왔다. 딜러의 손에 오픈된 단 1장의 카드가 팽팽하게 당겨져 있던 긴장의 끈을 끊으며 전쟁의 끝을 알렸다.

35

승리의 조건

10.

딜러가 오픈한 마지막 카드의 정체였다. 한서의 완벽한 승리였다.

"디…… 딜러 버스트, 추… 축하드립니다."

딜러의 떨리는 목소리가 들려 온 것은 마지막 카드가 오픈되고도 한참은 지난 후였다. 딜러의 판정 선언에 구경꾼들이 일제히 고함을 질러대며 한서의 승리에 환호했다. 딜러는 손님 앞에서는 절대 하지 말아야 할 긴 한숨을 내쉬더니, 넋이 나간 듯 테이블 위에 가득 쌓여 있는 칩들만 바라보고 있었다.

한서가 단 한 판의 승리로 얻은 돈은 900만 달러였다. 원화로 100억 원이 넘는 액수로, 카지노의 입장에서는 말 그대로 대형 사고였다. 얼어붙은 표정의 플로어 퍼슨의 뒤로, 바늘 하나 들어가지 않을 것처럼 꼬장꼬장해 보였던 흑인 핏 보스가 머리를 움켜쥐며 고통스러워하는 모습이 보였다.

한서는 여유 있게 자리에서 일어서며 승자 특유의 자신감 넘치는 표정을 지어 보였다. 그는 천진난만한 얼굴로 손가락으로 브이 자까지 그리며 구경꾼들의 축하에 일일이 화답했다.

반쯤 정신 나간 표정으로 자리에 주저앉은 태삼을 한서가 부축해 일으켜 세웠다. 멍하니 서 있던 다영의 두 눈은 긴장감이 풀려서인지 기뻐서인지 이유를 알 수 없이 흘러나온 눈물로 촉촉이 젖어 있었다. 한서는 엄청난 승리를 쟁취한 자신을 칭찬해 달라는 듯 긴 팔을 벌리며 그녀에게 다가갔다. 하지만 한서의 요구에 거침없이 응한 다영의 치하는 포옹이 아니었다. 한서의 입술에 다영의 입술이 포개지자 구경꾼들은 축제라도 벌어진 듯 환호했다.

초록색 테이블 위에는 그보다 더 선명한 초록빛 에메랄드 칩들이 반짝이고 있었다.

◆ ◆ ◆

인천 국제공항에 도착한 한서와 다영은 그제야 긴장이 완전히 풀렸는지, 자연스러운 미소를 되찾았다. 서울로 돌아오는 차 안, 어색한 포즈로 운전에만 집중하고 있는 한서에게 다영이 먼저 말을 꺼냈다. 분위기에 취한 갑작스러운 입맞춤 때문에 서먹해진 뒤라,

다영은 일부러 무슨 일이 있었냐는 듯 씩씩한 말투로 얘기했다.

"도대체 그런 배짱은 어디서 나온 거예요? 저는 마지막에 정말로 심장이 멎는 줄 알았어요. 자그마치 100억을⋯⋯!"
"저는 뭐 싸부님이 차려 놓은 밥상에 숟가락만 살짝⋯⋯."

한서는 빙그레 웃으며, 다영에게 승리의 비하인드 스토리를 자세히 들려주었다.

◆ ◆ ◆

마카오의 수사. 게임 시작 10분 전.

"그래도, 그것만으로는⋯⋯."

자신 없다는 듯 한서는 크게 한숨을 내쉬었다. 높은 디퍼런스 룰을 세팅한 덕에 게임을 유리하게 할 수는 있을지 몰라도, 확실한 승리가 담보되는 건 아니라는 걸 잘 알고 있었기 때문이다. 승리하려면, 확실한 무언가가 더 필요했다.

"아니⋯ 아무리 디퍼가 크다고 해도 결정적인 순간에 한 방을 노릴 수 있다 뿐이지, 승률을 크게 올리는 건 불가능하잖아요. 그건 싸부님이 제게 알려주신 거 아닌가요?"

한서가 따져 묻자 태삼이 주변을 의식하며 작은 목소리로 속삭
이듯 말했다.

"여그는… 손 셔플인디?"

태삼의 이 한마디에, 아까부터 이 말도 안 되는 상황에서 달아날
기회만 찾던 한서가 얼어붙어 버렸다.

"소… 손 셔플을 한다고요?"
"이제 알겠냐? 여그서는 니가 질리도록 연습했던 그 카드 카운
팅이 가능허다고!"

◆ ◆ ◆

5년 전.
강원랜드 호텔.

"가져다준 책들은 다 읽은 겨?"
"책마다 다 비슷한 내용이라 아주 외웠어요, 외웠어."
"그럼 한번 읊어 봐. 카드 카운팅의 기본 개념이 뭔지."

"1. 블랙잭은 10 카드 같은 하이 카드가 얼마나 남아 있느냐에 따라 승률이 달라진다. 2. 이전에 나왔던 카드들의 패턴을 통해 하이 카드가 많이 남아 있는 상황을 노려 풀베팅하라."

"고 새끼 그 복잡헌 걸 간단하게 잘도 요약하는구먼."

태삼이 흡족하다는 듯 미소를 지었다.

"그런데 지금은 사용할 수도 없는 케케묵은 옛 기술을 뭐하러 연습하라는 거예요?"

카드 카운팅은 〈21〉이란 제목의 영화로 만들어졌을 정도로 블랙잭 관련 기술로는 비교적 잘 알려진 전략이었다. 블랙잭 게임의 경우 10 카드를 비롯한 하이 카드들이 많이 남아 있을수록 플레이어에게 유리하다는 점을 고려해, 지난 게임에 사용된 카드들을 기억하여 10과 A 등의 하이 카드가 향후 진행되는 게임에 빈번하게 등장할 가능성이 커졌을 때, 베팅액을 늘려 수익을 극대화하는 것이다.

잃을 때는 적게
딸 때는 많게.

이를 실현하기 위해 확률적 가능성이 커진 순간을 적극적으로 활용하는 전략이라고 할 수 있다.

1명의 딜러, 7명의 플레이어가 한 번의 게임에 사용하는 카드 수는 평균 22장이다. 카드 한 벌이 총 52장으로 구성되어 있으므로 친구들과 단 한 벌의 카드로 블랙잭 게임을 할 경우, 첫 번째 게임에서 10과 A 카드가 몇 장이나 사용되었는지만 기억하고 있어도 다음 게임에서 베팅액을 늘려야 할지 줄여야 할지를 어느 정도 가늠할 수 있다.

다만 아쉽게도, 카지노 내에서는 한 벌의 카드가 아닌 네 벌에서 여덟 벌의 카드를 이용한다. 따라서 적게는 208장, 많게는 416장의 카드 중 적어도 80% 이상의 게임에서 사용된 카드들을 모두 기억해야만 나머지 20%의 게임에서 베팅액을 늘려야 할지 줄여야 할지를 가늠할 수 있다.

이러한 이유로 영화 〈21〉에서 카드 카운팅을 통해 카지노의 돈을 싹쓸이하는 주인공을 비롯한 팀 구성원 모두 미국 명문 MIT의 '수학 천재들'이었다. 영화에서도 소개되었지만, 카드 100~200장을 기억하는 건 제아무리 천재라도 쉬운 일은 아니기에, 그들은 일종의 수학 공식을 도입해 활용한다.

이를테면, 2~6까지의 이른바 로우 카드는 '+1점'을, 7~9까지의 중간 카드는 '0점', 나머지 10과 A 카드는 '-1'점을 부여해 게임이 진행될 때마다 점수를 합산해 그 합이 마이너스 쪽으로 커지면 베팅액을 줄이고, 플러스 쪽으로 커지면 베팅액을 늘리는 식으로 운영하는 것이다.

물론, 이 카드 카운팅 전략은 블랙잭을 잘하는 방법일 뿐, 사기 수법이라고 볼 수 없다. 그래서 카지노들은 카드 카운팅을 통해 많은 돈을 따 가는 사람에게 '출입 제한'을 두는 것 외에 이를 막을 뾰족한 수를 찾지 못해 고민이었다. 그런데 아쉽게도, 현시점 카드 카운팅 전략 자체가 거의 불가능해진 상황이었다.

거의 모든 카지노에서 도입한 '기계식 자동 셔플기' 때문이었다. 과거에 딜러가 몇 벌의 카드를 직접 손으로 섞어 카드를 딜링하던 것과 달리, 기계식 자동 셔플기는 이미 게임에 사용된 카드까지 다시 기계 안에 넣고 게임이 시작되기 전마다 카드를 뒤섞기 때문이었다. 카드 카운팅 전략 자체가 무력해진 것이다.

태삼과 한서가 처음 만났을 때 했던 동전 게임의 '도박사의 오류' 처럼, 이번 게임에서 10 카드가 연속으로 나올 확률이 일반적인 확률 30%보다 훨씬 높은 90%로 나왔다 해도 다시 카드가 뒤섞이면, 그런 확률이 다음번 게임에 미치는 영향이 제로에 가깝기 때문이었다.

기계식 자동 셔플기는 카드를 섞는 장치가 물레방아 모양을 하고 있어서 '물레방아 슈'라고도 불렸는데, 딜러의 셔플 없이 이미 사용한 카드들을 게임이 끝날 때마다 슈에 즉시 삽입해 사용하므로 카드 셔플 및 카드의 흐름을 전혀 알 수 없었다. 그래서 한서가 태삼에게 물었다.

"여기도 물레방아인데, 카드 카운팅을 한다는 게 말이 돼요?"

"물론 그렇기는 허지. 하지만 지금도 제한적으로는 카드 카운팅이 가능허단다. 바로 오픈 카드 카운팅이라는 건데, 전체 카드는 아니더래도 테이블 위에 오픈된 카드들의 상태를 유추해서 카드 카운팅과 비슷한 효과를 얻는 것이제. 그래서 웬만허면 딜러와의 1대 1 싸움은 피하는 것이 좋다고 헐 수 있지. 오픈된 카드도 그만큼 적을 테니 말이여. 여그 강원랜드 블랙 다이는 6개짜리 베팅구밖에 없지만 해외 카지노에는 베팅구가 7개인 것도 있거든."

"그렇다면 플레이어들이 테이블에 가득 채워져 있을 때가 훨씬 유리하겠네요?"

"그라지. 하지만 그게 오히려 독이 될 수도 있는 것이… 플레이어들 중에 허접한 놈이 하나라도 끼어 있으면 카드 카운팅에 성공했대도 무용지물이라. 나 맨치로 실력 있는 선수들로만 꽉꽉 채워서 게임을 한다면 참 좋겠는디 말이여. 손오공마냥 분신술을 헐 수도 없고 원……."

"분신술이 가능하다고 해도, 디퍼가 100배밖에 안 되는 강원랜드에서는 풀베팅을 해 봤자 별거 없을 것 같은데요?"

36

오늘부터 1일

"최고 베팅액을 100만 달러로 하라고요? 그런다고 부자들이 움직이겠어요?"

철두가 가지런한 금니를 드러내며 태삼에게 물었다.

"그 정도는 되어야 돈 많은 것들이 허세로라도 한 번쯤 와 보지 않겠냐? 그리고 한 가지 더 필요한 게 있어."
"그게 뭔데요?"

철두가 사탕을 눈앞에 둔 어린애처럼 눈을 반짝이며 대답을 재촉했다. 태삼이 확신에 찬 목소리로 말했다.

"물레방아를 없애 버리는 거여."

"물레방아? 그걸 없애는 거랑 부자들을 끌어들이는 거랑 뭔 관계가 있대요?"

"니도 한 번 생각혀 봐라. 부자들이 무슨 조작이 있을지도 모르는 기계 같은 걸로 카드를 섞어서 나눠주는데 큰돈을 걸고 싶겠냐고!"

태삼의 말이 철두에게는 그럴듯하게 들렸다. 부자들은 주변에 돈을 노리는 사람들이 널려 있는 터라 기본적으로 '의심'을 깔고 사는 이들이었다. 이를 철두가 모를 리 없었다.

"역시 성님은 브레인이여, 브레인!"

철두가 보기에도 차가운 기계가 아닌 딜러의 정성스러운 손 셔플 서비스가 역사상 유례없는 하이 리미트 카지노에 더없이 어울릴 것 같았다. 하지만 이는 태삼의 치밀한 계략 중 일부에 지나지 않았다. 카드 카운팅을 위해서는 손 셔플이 필수였기 때문이다.

카드 카운팅이 카지노에 얼마나 위협적일 수 있는지를 제대로 파악하지 못한 철두는 딜러들의 반대에도 불구하고 태삼이 설계한 테이블 룰을 세팅하는 실수를 저지르고 말았다.

돈 많은 호구들이 카드 카운팅같이 머리 아픈 기술을 쓸 가능성은 매우 희박했을 뿐만 아니라, 만약의 경우 누군가 한 번에 100만

달러 정도의 베팅으로 돈을 따게 되더라도 그 정도는 충분히 견뎌
낼 수 있으리라 오판한 것이다.

단 '카드 카운팅이 의심되는 경우 즉시 게임을 중단시킨다'라는
운영 매뉴얼을 만들어두었는데, 이는 딜러들이 눈치채기 전 원샷
원킬을 노린 한서의 전략에는 속수무책일 수밖에 없었다.

◆ ◆ ◆

마카오 대첩 시작 5분 전.

"정말로 손 셔플이라면…… 한번 해 볼만은 하겠는데요? 단…
한 가지 조건이 있어요."

"조건? 돈을 땄을 때 얼마를 나누어줄지 미리 정허자는 거고마
이? 물론 그려야지. 아무리 사제지간이라고 혀도 돈 관계는 확실허
게 혀야지. 그래 얼마면 되겄냐?"

"아뇨, 그 반대예요."

"그게 무슨 말이다냐?"

"만약에 돈을 모두 잃게 되더라도 저한테는 아무 책임을 묻지
않는다고 하셨잖아요."

"그렸지!"

"마찬가지로 돈을 따게 되더라도 저는 한 푼도 가져가지 않는
조건이라면, 제가 싸부님 대신 게임을 할 수 있을 것 같아요."

"엥? 그게 뭔 소리다냐~. 그래도 무슨 동기 정도는 있어야 않 겠냐?"

"동기라면……."

한서의 시선이 멀리서 태삼과 한서의 협상 결과를 기다리면서 창밖을 내다보고 있는 다영에게 향했다. 이윽고 한서는 결의에 찬 목소리로 대답했다.

"충분해요."

"니 말이 뭔지는 알겠는디…… 그래도 되겠냐?"

"아니, 그래야 돼요. 100억이라는 큰돈이 걸린 게임인데 그게 제 돈이라면 그리고 만약 돈을 따서 그 일부가 제 것이 되는 일이라 면…… 제 멘탈이 너무 쉽게 무너질 거예요. 어쩌면 게임 시작 자 체가 불가능할 것 같은데요? 하지만 져도 그만, 이겨도 그만인… 그러니까 싸부님이 알려주신 '아님 말고'의 정신이라면 100만 달 러짜리 칩도 플라스틱 조각에 불과할 테니 실력대로 할 수 있을 것 같아요."

"그랴~ 들어보니 일리야 있구먼. 근디… 그래도……."

태삼은 한서의 조건을 수락할 수밖에 없었고, 모든 것이 한서의 계획대로 흘러갔다.

1. 플레이어당 100만 달러의 베팅 한도, 1만 배의 디퍼런스

2. 카드 카운팅이 가능한 손 셔플 딜링

3. 블랙리스트에 존재하지 않는 깨끗한 신분의 선수와 7명의 완벽한 팀플레이

이것만으로도 충분히 승산이 있는 게임이라 할 수 있었지만, 한서에게 가장 중요한 것은 '절대 흔들리지 않을 멘탈 시스템'을 만드는 일이었다.

◆ ◆ ◆

한서의 이야기를 모두 들은 다영은 조용히 미소를 지었다. 그를 위험에서 구해낸 것은 자신이었지만, 오늘로서 그 일이 결국 자신을 구한 일이 되었음을 자각했기 때문이었다. 한서는 끝내 말하지 않았지만, 그가 엄청난 위험을 무릅쓰고 아무 대가도 없는 게임에 참여한 것은 자기 때문이었다는 것을 다영은 잘 알고 있었다. 믿고 의지할 곳 없던 그녀의 삶에서 한서야말로 믿을 수 있는 사람이라는 확신도 생겼다.

"그런데…… 어제, 그거….."

다영이 평소와 달리 우물쭈물하면서 볼을 붉히자, 한서는 그녀가 감정적으로 한 입맞춤을 후회하고 있는 걸로 짐작했다.

"아~ 그거요? 괜찮아요. 그게 뭐 별일이라고……. 저는 벌써 다 잊어 버렸는데요, 뭐~ 하하."

과도하게 웃으며 별거 아니라는 투로 말하는 한서의 말을 자른 건, 예상치 못한 다영의 답변이었다.

"그게 아니고요. 오늘부터, 1일 하자고 말하려고 했는데……."

갑작스러운 고백에 놀란 한서가 운전대를 놓치는 바람에, 차가 잠시 휘청였다. 옆 차선의 중형차 한 대가 '빵-' 하며 경적을 울렸다.

"별일 아니고 다 잊으셨다니… 어쩔 수 없네요."

한서는 서울로 돌아오는 내내 기쁨과 행복에 가득한 변명을 늘어놓아야만 했다.

37

돈이 왜 늘어나 있지?

철두가 마카오에서 일어난 비보를 들은 건 한국에서였다.

다영을 만나기 위해서 온 것이었지만, 오히려 다영이 마카오로 피신한 탓에 둘의 심히 불편했을 만남은 성사되지 못했다. 철두는 소식을 듣자마자 황급히 수사의 최고 파트너 책임자에게 전화를 걸어, 한서가 털어간 칩을 현금으로 교환하지 못하게 막아줄 것을 요청했다.

하지만 세계 최대, 최고의 카지노를 자부하는 수사는, 고객이 '룰대로 정당하게' 게임해서 얻은 돈을 지급하지 않는 것은 가당치 않다며 단박에 이를 거절했다. 그리고 자금 부족을 이유로 철두의 정킷룸 운영권을 회수하겠다고 일방적으로 그에게 통보했다. 말 그대로 철두는 '한 방에' 파산당한 것이다. 하지만 파국이 그 정도로 깔끔하게 끝나지 않을 거라는 걸 철두 자신도 알고 있었다.

수사의 정킷룸을 관리하던 홍콩의 폭력 조직은 철두가 정킷룸 운영 보증금으로 예치해 둔 500만 달러를 제외하고도 수사의 자체 자금이 500만 달러가량 더 지급되었다며 이를 즉시 갚으라고 그를 압박했다. 철두에게 그만한 돈이 있을 리 없었다.

얼마 후, 철두의 시신이 홍콩 란타우섬 인근 바다 위로 떠올랐다. 사용 가능한 모든 장기가 적출된 상태였다. 평소 자신이 즐겨 활용하던 방식대로 최후를 맞은 것이다. 금을 유난히 좋아해 자신의 모든 치아를 금으로 바꾸었다는 그의 입 안에는 단 1개의 치아도 남아 있지 않았다고 했다.

◆ ◆ ◆

마카오에서 돌아온 다음 날 점심 무렵.

한서는 회사 근처의 신성은행 VIP룸에 앉아 있었다. 말끔한 정장 차림에 넥타이를 단정하게 맨 은행원이 한서에게 통장을 건네며 말했다.

"환전할 때 받았던 우대율이 재환전할 때도 그대로 적용되었다고 보면 돼."

통장을 받아들고 잔액을 확인하던 한서의 표정이 다소 의아하다는 듯 변했다.

"그런데… 이거 조금 이상한데?"

"왜? 금액이 모자라?"

"아니……. 돈이 왜 더 늘어나 있지?"

38

돈으로 사는 돈

나중에 우스갯소리로 '마카오 대첩'이라고 이름 붙인 수사의 정
킷룸 사건이 벌어지기 하루 전, 한서는 신성은행 강남역 지점을 찾
았다.

"41번 고객님, 창구로 와 주세요."

은행 한편 대기석에서 차례를 기다리던 한서는 은행원의 안내
멘트를 듣고는 천천히 창구로 향했다. 단아한 외모의 은행원이 반
갑게 그를 맞았다.

"무슨 용무로 오셨나요, 고객님?"
"환전 좀 하려고요."

"예~. 혹시 어떤 목적으로 환전하시나요?"

"내일 마카오에 갈 예정이거든요."

"마카오로 여행을 가시는군요? 그럼 홍콩 달러로 환전해 드리면 될까요?"

"아, 그러면 되나요? 그럼, 그렇게 해주세요."

"얼마나 필요하실까요?"

한서가 잠시 머뭇거리자 은행원은 흔한 일이라는 듯 예의 친절한 미소를 잃지 않고 설명해 주었다.

"환율 계산이 힘드시죠? 그냥 원화 금액으로 말씀해 주시면 됩니다."

한서는 잠시 고민한 후 대답했다.

"1,000만 원 정도면 될 것 같아요."

"금액이 꽤 크네요. 홍콩 달러는 주요 통화가 아니어서 우대율이 높지 않은데, 괜찮으시겠어요?"

'주요 통화? 우대율?' 한서는 낯선 용어가 가득한 은행원의 설명이 외계어처럼 들렸다.

"우대… 뭐요?"

한서가 헤매고 있는데 멀리서 누군가가 그의 이름을 불렀다.

"야! 유한서!"

깜짝 놀란 한서가 고개를 돌려 소리 나는 쪽을 보았다.

"어? 김재용?"

　　　　　　　◈ ◆ ◆

　재용은 고등학교 시절 한서와 매우 친했던 고향 친구였다. 고3 여름방학 때 재용이 갑작스레 서울로 이사하는 바람에 서서히 연락이 끊겼는데, 이렇게 다시 만나게 된 것이었다. 재용은 한서를 은행 안쪽 VIP룸으로 데려갔다.

　"와, 도대체 이게 얼마만이야~!"
　"그러게~. 여기선 언제부터 일한 거야? 나 여기 자주 왔는데."
　"이 지점에 발령받은 지는 일주일도 안 됐어. 어머니는 건강하셔? 아직 대전에 계신가?"
　"아니, 어머니도 서울로 올라 오셔서 지금 함께 살고 있어."

정말로 오랜만에 만난 것이었지만 워낙 친했던 사이라 그런지 고등학교 시절처럼 스스럼없이 이야기가 터져 나왔다.

"그런데 아까 들어보니 꽤 큰 금액을 환전하려고 하던데? 단순 여행은 아닌 것 같고…. 어디 출장이라도 가?"
"뭐, 그런 비슷한 건데……."

사실 한서가 거액을 환전하려고 한 건 혹여 태삼에게 돈과 관련해 무슨 문제가 생길 경우를 대비하기 위해서였다.

"직원이 수수료 어쩌고 하던데, 무슨 소린지 당최 알아들을 수가 없더라고."
"환전을 많이 안 해 봤으면 헷갈리긴 하지."

한서는 그렇게 재용에게서 환전에 관한 속성 과외를 받았다. 외화 환전의 경우 살 때의 환율과 팔 때의 환율, 그러니까 환전할 때의 환율과 재환전할 때의 환율이 다르다는 것도 처음 알았다.
환전이 처음은 아니었지만, 그래 봤자 몇십만 원 정도의 여행 자금을 환전한 것이 전부였기에 환전 수수료나 우대율 같은 건 크게 개의치 않았다. 하지만 1,000만 원에 가까운 거액을 환전하려다 보니 우대율에 따라 수수료 차이가 꽤 커졌다.

"환전 수수료를 확실하게 줄이고 싶다면, 홍콩 달러 말고 미국 달러를 환전해 가는 게 유리해."

"미국 달러를 가지고 마카오에 가라고? 달러는 세계의 돈이니까 거기서도 사용할 수 있나 보구나?"

"그렇긴 한데, 사실 마카오에서는 홍콩 달러를 사용하는 게 편하긴 하겠지. 내 말은 미국 달러를 가지고 마카오에 가서 다시 한 번 환전을 하라는 얘기야."

"한 번 더? 그럼 그 환전 수수료인가 뭔가 하는 걸 두 번 내야 하는 거 아냐? 원화를 미국 달러로 바꿀 때 한 번, 또 미화를 홍콩 달러로 바꿀 때 한 번."

"조금 번거롭기는 해도 그게 훨씬 더 유리해. 홍콩 달러는 주요 통화가 아니어서 최고 환전 수수료 우대율이 50% 정도밖에 되지 않거든. 반면 미국 달러는 최고 90%까지 가능하니까."

"정말? 근데 뭐가 그리 복잡한 거야?"

"하하. 생소해서 그렇지, 알고 보면 별거 아냐."

재용은 해박한 금융지식으로 환전 체계에 대해 자세하게 설명해 주었다.

돈으로 돈을 사다니, 한서는 참 신기한 일이라는 생각이 들었다.

39

어떠한 경우에도 잃지 않는

펜은 총보다 강하다는데, 돈 역시 총보다 강했다.

돈줄이 끊긴 철두는 결국 목숨줄마저 끊겼고, 그제야 비로소 태삼과 다영은 진정한 자유를 얻게 되었다. 그 어떠한 폭력과 물리적 충돌도 없이, 돈이 모든 문제를 해결해 준 것이다. 마카오 대첩 이후 그들은 다시금 예전의 평화로운 일상을 회복했다. 한서는 문득, 마음의 평화도 돈으로 살 수 있는 게 아닐까 하는 생각이 들었다.

한가로운 어느 일요일 오후, 한서와 다영은 한강 공원 벤치에 앉아 이런저런 이야기를 나누었다.

"다영 씨, 예전에 제가 아파트에 투자하면서 투자와 도박의 차이를 설명했던 거 기억나요? 요즘도 투자는 도박이나 다름없다고 생각해요?"

"네, 기억나요. 그때 '손실 확정 권한'이라는 단어로 설명해 줬잖아요. 하지만 아직도 저는 잘 모르겠어요."

"맞아요, 다영 씨. 그때 손실 확정 권한이 누구에게 있는지에 따라 투자와 도박을 구분할 수 있다고 했죠. 홀짝 게임을 예로 들자면, 이는 전형적인 도박이라 할 수 있죠. 1억 원을 이 홀짝 게임에 베팅한다면 어떻게 될까요? 홀이든 짝이든 어느 하나에 베팅했다가 승리하면 1억 원을 얻게 되지만 반대로 패하면 1억 원을 잃게 되겠죠."

"그야 당연하죠."

"잘못된 선택은 곧 손실을 의미하고 손실을 확정하는 주체는 내가 아닌 딜러, 그러니까 손실 확정 권한은 상대인 딜러에게 있다고 할 수 있죠."

"그건… 투자를 할 때도 마찬가지 아닌가요? 투자도 선택을 잘못하면 돈을 잃게 되잖아요."

의아하다는 듯 고개를 갸웃거리며 다영이 물었다.

"그렇지 않아요. 아파트 투자를 한번 생각해 보세요. 아파트를 산다는 것은 아파트 가격이 오르는 것과 내리는 것 중 상승하는 쪽에 베팅한 것이라 할 수 있겠죠. 그런데 만약 아파트의 가격이 하락하는 상황이 벌어지면 어떻게 될까요? 이것은 마치 홀짝 게임에서 홀에 베팅했는데 짝이 나온 상황과 마찬가지로 잘못된 선택을 한 것이라고 볼 수 있겠죠."

"아파트 가격의 상승에 베팅했는데 가격이 하락한다면 당연히 손실이 발생하겠고요."

"다영 씨, 그런데 실제로는 그렇지 않아요. 평가 가치 하락으로 손실 상황이기는 하지만, 아파트를 팔지만 않으면 실제로 손실이 확정된 것은 아니에요. 아파트값이 떨어졌다고 해서 아파트의 일부가 사라지거나 누군가가 바로 돈을 빼앗아 가는 건 아닐 테니까요. 그러니까 손실의 확정 권한이 여전히 나에게 있다고 볼 수 있는 거죠. 반면, 도박에서 선택을 잘못하면 손실 확정 권한을 가진 딜러가 내 의지와는 상관없이 그대로 손실을 확정시키고 게임은 거기서 그냥 끝나 버려요. 투자에서는 잘못된 선택을 하더라도 손실의 확정 권한이 여전히 내게 있어서 손실을 실제로 확정시키지만 않는다면 계속해서 투자할 수 있는데, 도박은 그럴 수 없다는 겁니다."

"그런데 한서 씨, 저 궁금한 게 있어요. 아파트 투자도 대출을 많이 받아서 샀는데 가격이 크게 하락하면 담보가치가 떨어져서 은행으로부터 대출금 상환을 요구받게 되지 않나요? 그렇게 되면 결국 경매 같은 형태로 아파트를 팔아야 하고요?"

다영의 반문에 한서는 아파트를 위험천만한 갭 투자로 마련한 자신의 상황을 꼬집어 말하는 것 같아 찔렸다.

"바로 그런 경우가 도박이 되는 거예요. 대출을 무리하게 일으켜서 손실의 확정 권한이 은행으로 넘어가게 되는 상황을 만들면 투자가 아닌 투기가 되는 거죠."

다영은 자신이 전하려던 메시지가 제대로 전달된 것 같았는지, 금세 표정이 밝아졌다.

"그러니까 똑같이 아파트에 투자하더라도 적당한 레버리지로 사면 아파트 가격이 급락해도 투자가 될 수 있고, 한서 씨처럼 무리하게 레버리지를 일으켜 사면 투기가 될 수 있다는 거군요."

다영은 아예 대놓고 한서를 디스했다. 하지만 농담이라는 걸 알기에 한서는 오히려 다영의 말에 크게 호응해 주며 말했다.

"예, 맞아요! 부동산 투자뿐만 아니라 주식 투자도 마찬가지예요. 무리한 신용이나 미수를 이용해 주식에 투자했는데 주가가 급락하면 증권사로부터 반대 매매를 당하게 되죠. 물론 예수금을 채워서 반대 매매를 막을 수 있긴 하지만 그렇게 하지 못할 경우 증권사가 손실 확정 권한을 빼앗아 주식을 모두 팔아 버리거든요. 투자가 투기로 바뀌는 순간이죠."
"듣고 보니 그럴듯한 구분법 같기는 한데…… 투자와 투기를 구분하는 것이 실제 투자에서 도움이 되나요?"

"그럼요. 다시 홀짝 게임 이야기로 돌아가 볼게요. 만약 돈을 홀과 짝 두 곳 모두에 걸면 어떻게 될까요?"

"한쪽은 이기고 또 다른 한쪽은 지게 될 테니 결국 아무것도 아닌 본전이 되겠죠?"

"맞아요! 그렇다면 실제 카지노에 홀짝 게임 같은 것이 있을까요?"

"바카라가 비슷한 게임이라고 들었어요. 뱅커와 플레이어 둘 중하나에 베팅하는 거라고. 승패 확률도 반반, 50%일 테고……."

"하지만 수익률은 홀짝 게임과 달라요. 카지노마다 룰이 제각각이기는 하지만, 보통 플레이어에 베팅해서 이기면 수익이 100%이지만 뱅커에 베팅해서 이기면 수익률이 95%랍니다. 만약 홀짝 게임처럼 뱅커와 플레이어에 같은 금액을 베팅하게 되면 게임을 할때마다 전체 베팅액에서 2.5%의 손실을 얻게 된다는 의미죠."

"결국 그 2.5% 정도가 카지노의 수익원이겠군요?"

"맞아요. 그걸 전문 용어로 '하우스 엣지House Edge'라고 부르죠. 대부분의 사람들은 카지노가 어마어마한 수익률로 돈을 벌고 있을 거라 생각하지만, 사실은 이 작은 수익률을 수많은 플레이어에게 장기간 얻으면서 돈을 버는 거예요. 돈을 잃는 사람도 있고 돈을 따 가는 사람도 있겠지만, 큰 틀에서 보면 카지노가 2.5% 정도의 확실한 수익을 챙길 수 있으니까요."

"어쩌면 증권사가 주식 거래 수수료로 수익을 내는 것과 비슷한 구조네요."

"그래요. 그래서 도박도 하면 할수록 계속 돈을 잃을 수밖에 없는 구조이고, 주식 투자도 계속 사고파는 걸 반복하면 수수료로 투자금이 녹아 버리는 상황이 생기는 거죠."

"그럼 수수료 때문에라도 장기 투자를 하는 것이 훨씬 더 유리하겠네요."

"다만 중요한 것은, 투자의 경우 도박에서는 불가능한 홀짝 베팅이 가능하다는 거예요. 아파트 가격이 오르는 쪽과 내리는 쪽 모두에 돈을 걸었다고 가정해 볼게요. 이 경우 아파트 가격이 하락하면 가격이 내리는 쪽에 베팅한 것이 수익을 내겠죠. 하지만 아파트 가격에 오르는 쪽에 베팅한 것도 평가 손실 상황이기는 하지만 내가 손실을 확정하지 않고 다시 가격이 오를 때까지 기다릴 수만 있다면 이 역시 수익을 낼 수 있겠죠. 도박으로는 불가능했던 홀짝 게임이 투자 세계에서는 수익을 낼 수 있는 구조가 된다는 겁니다."

"말은 그럴듯한데…. 그런데 한서 씨, 아파트 가격이 내리는 쪽에 투자하는 것이 가능해요? 주식 투자처럼 공매도가 되는 건 아닐 거잖아요."

"선물이나 옵션 같은 투자 상품에는 상승에 베팅하는 롱 포지션과 하락에 베팅하는 숏 포지션이 실제로 존재하죠. 그런데 세상에 있는 거의 모든 자산에는 숏 포지션이 존재한다고 할 수 있어요. 예를 들어, 1억 원짜리 아파트가 있다고 합시다. 총 2억 원이 있어서 아파트 두 채를 산다면, 롱 포지션에 투자금 100%를 베팅한 것이죠. 하지만 한 채만 산다면 1억 원은 롱 포지션에, 나머지 1억 원

은 숏 포지션에 베팅, 즉 투자했다고도 볼 수 있어요. 아파트 가격
이 하락할 경우 1억 원보다 낮은 가격에 살 수 있으니 하락 베팅에
대한 평가 수익이 발생했다고도 할 수 있고."

　"조금 개념이 복잡하긴 한데, 대충은 이해가 되네요. 그런데 말
예요, 이렇게 좋은 주말 저녁에 갑자기 왜 이런 얘기를 하는 거죠?
머리 아프게?"

　다영이 심각한 표정을 풀며 한서에게 투정부리듯 물었다.

　"그래서 결론은……"

　잠시 머뭇거리던 한서가 씨익 미소를 지으며 말했다.

　"어떠한 경우에도… 돈을 잃지 않는…… 그런 투자법을 발견했
다는 겁니다."

40

새로운 기회

누군가는 그런가 보다 하고 지나칠 수 있는 평범한 일이었다.

하지만 수많은 책을 통해 베팅 전략에 관한 지식이 켜켜이 쌓인 덕분인지, 한서의 눈에는 사소한 일에서도 특별한 것이 보였다.

그는 친구 재용의 조언대로 홍콩 달러 대신 미화 1만 달러를 환전했다. 은행 창구에서는 환전 수수료 우대율이 높지 않았는데, 재용이 귀띔해 준대로 스마트폰으로 인터넷 뱅킹을 이용했더니 최고 우대율 90%를 적용받을 수 있었다.

기준 환율 1,100원을 기준으로 수수료를 고스란히 내야 했다면 1만 달러를 환전할 때 부담해야 할 수수료만 20만 원에 달했다. 하지만 90% 할인을 받고 나니 수수료가 2만 원도 채 안 됐다. 손가락을 몇 번 까딱하는 것만으로 누군가의 일당에 맞먹는 18만 원을 절약하게 된 것이다.

다만 한서에게 특별한 영감을 선사한 '그 일'은 그가 마카오 대첩에서 큰 승리를 거두고 돌아온 다음날에 일어났다. 결과적으로 한 푼도 쓰지 않고 고스란히 가지고 돌아온 그 1만 달러를 다시 원화로 재환전하는 과정에서, 그의 인생을 송두리째 바꿔 버린 중요한 포인트를 포착하게 된 것이다.

한서는 재환전을 할 때도 처음 환전할 때와 같은 2만 원 정도의 환전 수수료가 발생한다는 걸 알고 있었다. 그래서 처음 1,100만 원을 달러로 환전했다가 원화로 재환전하면, 달러를 살 때 2만 원, 팔 때 2만 원, 이렇게 해서 총 4만 원 정도가 줄어들리라 예상했다. 그런데 재용이 건네준 한서의 통장에는 1,100만 원이 아닌, 1,110만 원이 찍혀 있었다. 오히려 10만 원이 늘어난 것이다.

'어? 돈이 왜 더 늘어나 있지?'

알고 보니 3일이란 그 짧은 기간에 원달러 환율이 14원가량 상승했던 것이다. 달러당 4만 원가량의 환전 수수료를 제하고도 10만 원의 수익이 발생한 건, 바로 '환차익' 때문이었다. 고작 1% 정도의 작은 상승이었는데도 원체 금액이 크다 보니 수익도 컸다.

재용은 지나치게 놀라워하는 한서에게 그저 운이 좋았던 것뿐이라며 만약 환율이 하락했다면 오히려 손해를 볼 수도 있었을 거라고 설명했지만, 한서에게 이 일은 신선한 충격을 안겼다. 이것이야말로 '무위험 수익'이 아닐까 생각하게 된 것이다. 심지어 환차익에는 세금조차 없다는 재용의 부연 설명까지 듣고 나니 이를 잘 만 활용하면 달러 역시 괜찮은 투자 대상이 될 수 있을 것 같았다.

새로운 기회를 포착한 한서가 한 일은 이전과 크게 다르지 않았다. 도서관부터 찾은 것이다. 블랙잭과 부동산 투자를 책으로 배웠던 만큼, 달러 투자와 그 방법을 정리한 책이 도서관에 이미 많을 테니 이를 모조리 찾아서 읽어볼 생각이었다.

하지만 안타깝게도, '그런' 책은 없었다. 환율의 개념이나 달러의 역사를 다룬 책은 많았지만 환차익으로 수익을 내는 방법을 알려주는 책은 찾을 수 없었다. 그도 그럴 것이 고정환율제가 변동환율제로 바뀐 것은 1970년대 이후였고, 금융 시스템의 전산화로 환전 시의 거래 비용이 비약적으로 줄어든 것은 최근의 일이기 때문이었다. 따라서 이전에는 변동성이 낮은 달러로 단기적인 관점에서 투자하는 것은 불가능했고, 금융 시스템의 전산화가 제대로 자리 잡지 않았을 때는 환전 수수료 같은 거래 비용이 워낙 컸기에 장기적인 관점에서만 달러에 투자할 수 있었다.

하지만 지금은 달랐다! 미국을 비롯한 해외 주식 투자가 활성화되면서 환전 수요가 급격히 증가하고, 해외 주식 투자자를 유치하기 위해 여러 은행이 경쟁적으로 환전 수수료를 낮춘 것이다. 덕분에 그가 우연히 경험한 달러의 단기 트레이딩이 가능한 생태계가 만들어진 셈이었다.

한서에게는 이것이 이전에는 없었던 혁신적이고도 새로운, 눈이 번쩍 뜨일 만큼 엄청난 기회로 느껴졌다.

41

시소 게임

"네? 지금 제정신이에요?"

다영이 펄쩍 뛰며 소리를 질렀다.

목소리가 어찌나 매섭고 날카롭던지, 한서는 자칫하다간 그녀의 손에 죽을 수도 있겠다 싶었다.

"절대로 잃을 일이 없다니까요!"

한서는 쩔쩔매면서도 여유로운 미소를 잃지 않으려고 애썼다.

다영이 이렇게까지 펄쩍 뛰는 데는 그럴 만한 이유가 있었다. 볼펜 한 자루로 30억대 부동산 자산가가 된 한서가 다시 한번 엄청난 일을 저질렀기 때문이었다. 한서가 3년 전에 산 열 채의 아파트는,

다행히 그 가격이 모두 두 배 이상 올랐다. '부동산 폭등'이라는 엄청난 호재가 작용한 덕이 컸지만, 그의 합리적인 판단과 용기 있는 결단이 이끈 성공이었음을 부정할 수 없었다.

그럼에도 정부의 무차별적인 집값 잡기 정책으로 인해, 한서는 당분간은 부동산 투자를 하기 힘들 것 같았다. 유력 정치인이 '빚 내서 집 사라'라고 말할 때 그 말을 따라 집을 샀던 것처럼, '다주택 자는 적폐 세력'이라고 할 때는 집을 사지 않는 게 좋겠다고 판단한 것이다. 제대로 된 공급 대책도 없는 반쪽자리 부동산 정책들을 보면 앞으로 아파트 가격이 더 오르면 올랐지 떨어질 일은 없겠다는 생각도 들었지만, 점점 가중되는 취득세와 양도세, 종합부동산세 같은 부동산 관련 세금들이 그의 발목을 붙잡고 늘어졌다.

수익형 부동산 하나 없이 전세로만 세팅되어 있던 그의 부동산 자산들이 한서에게 '70억대 자산가'라는 명칭을 선사해 준 건 사실이지만, 행복감도 잠시 손에 잡히지 않는 자산이 실생활에는 크게 도움이 되지 않는다는 것이 문제였다.

이런 상황을 알 리 없는 주변 사람들은 그를 70억 자산가라며 부러워했지만, 정작 한서는 당장이라도 월급이 끊기면 호흡기를 떼어 버린 중환자처럼 사경을 헤매게 되리란 걸 알고 있었다.

한서는 먼저 문신남에게 분양받았던 빌라부터 정리했다. 일명 '못난이 털기'였다. 그러고 나서 보유하고 있던 총 열 채의 아파트 중 한강 바로 앞 가장 입지가 좋은 아파트 두 채만 남기고 나머지는 모두 매각했다. '똘똘한 한 채'를 위한 밑그림이었다.

아파트값 폭등으로 패닉 바잉이 일어나고 있던 시기였기에, 아파트를 정리하는 데는 큰 어려움이 없었다. 한서가 남긴 두 채의 아파트 중 하나는 어머니의 편안한 노후를 위한 것이었고, 나머지 하나는 자신이 직접 거주할 목적이었다. 물론 다영과의 결혼을 염두에 둔 처사이기도 했다.

사실 이때까지만 해도, 다영은 한서의 화끈한 결단이 내심 마음에 들었다. 천정부지로 오르기만 하는 아파트값이 언젠가는 떨어질 거란 생각에 늘 불안했기 때문이다. 하지만 몇 년 후 한서가 판 아파트의 가격이 더 크게 올랐을 때는 그를 말리지 않았던 자신이 원망스럽기도 했다.

한서가 대부분의 부동산 자산을 매각하고 세금까지 낸 후 손에 쥔 현금은 14억 원에 불과했다. 70억 원의 부동산 자산이 12억 원의 부동산 자산과 14억 원의 현금 자산으로 바뀐 셈이니, 자산 규모로만 보면 반 토막이 난 것이나 다름없었다. 어떤 책에서 보았던 '인간이 피할 수 없는 것 두 가지는 죽음과 세금이다'라는 문구가 떠올랐다. 하지만 돈 한 푼 없이 볼펜 한 자루로 3년 만에 얻은 수익이라고 생각하면 뿌듯한 마음이 들기도 했다.

70억 자산가가 되었음에도 좀처럼 나아질 기미가 보이지 않던 현실에서 탈출하려면 이 같은 결단이 필요했다. 부동산 폭등으로 30억 원 수준이던 아파트 자산 가격이 70억 원까지 늘었지만, 실현하지 않은 손실이 확정된 것이 아니듯 팔지 않은 부동산 역시 기분 좋은 일 그 이상도 이하도 아니었다.

이로써 한서는 자산 증식과 현금 흐름은 전혀 다른 개념이라는 걸 깨달았다. 자산이 아무리 많다고 해도 '쓸 수 있는 돈'이 없다면 그가 목표로 했던 경제적 자유를 찾을 수 없다는 것도 알게 되었다. 결국 생활비를 얻으려면, 매일 출근하고 노동하는 삶을 멈출 수 없다는 사실만이 더욱 명확해졌다.

정확히 여기까지는 다영도 한서의 결단을 지지했다. 그의 전세 레버리지 부동산 투자가 성공할 수 있었던 데는 운이 작용했고, 자칫 부동산 가격이 하락할 경우 큰 위험에 처할 수도 있었기에 이를 현금 자산으로 전환한 그의 계획이 현명하다 싶었던 것이다. 문제는 그다음이었다.

우연히 알게 된 달러 투자를 새로운 기회로 여긴 한서가 '절대로 잃지 않는 투자법'이라며 이를 실행에 옮기기로 한 것이다. 한서는 다영과 한마디 상의도 없이, 부동산 자산들을 정리해 마련한 현금 자산 14억 원 중 절반을 달러로 바꿨다. 달러로 바꾼 원화가 7억 원에 달했다.

"지금 원달러 환율이 1,000원을 깨고 더 내려간다는 말까지 있던데, 너무 위험한 거 아녜요?"

"더 떨어지면 더 살 건데요?"

한서가 더 좋은 일이 아니냐는 듯 웃으며 말했다.

"대체 어떻게 할 작정인데요?"

투자와 관련해서는 한서의 판단을 전적으로 믿어주었던 다영이었지만, 이번만은 밀려드는 의구심을 제어할 수 없었다.

"원화로 달러를 사는 건 걱정할 만한 일이 아니에요. 만약 미국인이 자기 재산의 절반을 떼어서 원화를 샀다고 생각해 봐요. 제가 지금 미국 돈을 산 것과 미국인이 한국 돈을 산 것 중 어떤 게 더 위험한 일 같아요?"

"그거야……."

다영은 무언가 반박할 거리가 있을까 열심히 생각했지만, 마땅한 게 떠오르지 않았다. 곱씹어 생각할수록 일리 있는 말이었다. 만약 미국인이 전 재산의 반을 원화에 투자하겠다고 한다면, 미친 거 아니냐는 얘기를 들을 것이 빤해 보였기 때문이다.

"오히려 원화만 100% 가지고 있는 우리나라 사람들이 더 위험한 거 아닐까요?"

"그래도 소액으로 조금만 산다면 모를까, 재산의 절반은 좀…."

"만약 전 재산이 2억 원이라고 가정해 보세요. 계산하기 편하게 원달러 환율은 1,000원이라고 하고. 재산의 절반인 1억 원으로 달러를 사면 어떤 일이 벌어질까요?"

"그야… 환율이 오르느냐 떨어지느냐에 따라 달라지겠죠."

"그렇죠! 그럼 환율이 오르는 게 이익일까요, 내리는 게 이익일까요?"

"음……."

다영은 조금 헷갈리는지 잠시 눈동자를 치켜뜨며 무언가를 계산하더니 자신 없는 목소리로 대답했다.

"환율이 오르는 게 좋지 않나요? 만약 환율이 1,000원에서 1,200원으로 오르면 수익이 20%겠죠. 그럼 전 재산이던 2억 원은 2억 2,000만 원이 될 테니까요."

"그렇죠. 환차익을 얻게 되겠죠. 그럼 반대로 한번 생각해 볼까요? 만약 내가 미국인이고 전 재산이 20만 달러인데 그중 10만 달러로 1억 원어치 원화를 샀다면 환율이 오르는 게 좋을까요, 떨어지는 게 좋을까요?"

"그야 정반대의 상황이니까… 원달러 환율이 내리는 게 좋겠죠. 환율이 20% 하락해서 800원이 되었을 때 가지고 있던 1억 원을 달러로 바꾸면 대략 12만 달러가 될 테니 20만 달러였던 전 재산은 22만 달러로 늘어나니까요."

"바로 그거예요! 전 재산 중 절반은 원화, 나머지 절반은 달러로 가지고 있으면 환율이 오르든 내리든 수익을 얻게 돼요."

"그래요? 어째서 그렇죠?"

다영은 쉽게 이해가 되지 않는다는 듯, 큰 눈을 느리게 깜빡일 뿐이었다.

"돈이 자기 주인을 한국인인지 미국인인지 구분할까요? 환율이 오르면 한국인 입장에서는 원화 수익이, 반대로 환율이 내리면 미국인 입장에서는 달러 수익이 발생할 수 있다는 말이에요. 어떤 상황에서도 돈이 늘어난다고 할 수 있는 거죠!"

한서의 설명에 다영은 놀라서 벌린 입을 쉽게 다물지 못했다. 뭔가 자신이 미처 깨닫지 못한 허점이 있지는 않을까 싶어 생각을 거듭해 보았지만, 당장 한서의 이론을 반박할 마땅한 근거를 찾을 수 없었다.

"저는 앞으로 환율이 오르면 가지고 있던 달러를 팔아서 원화 자산을 늘릴 거예요. 그리고 반대로 환율이 내리면 원화를 팔아서 달러 자산을 늘릴 겁니다. 그 어떤 순간에도 돈을 잃지 않는 구조를 만들겠다는 얘기죠!"

한서의 계획은 적중했다.
그 어느 순간에도 잃지 않는 안전한 투자 시스템이 실제로 가동되기 시작한 것이다. 한서는 원달러 환율이 상승하면 보유하고 있던 달러의 일부를 팔아 원화 현금을 증가시켰고, 반대로 환율이 하락하면 가지고 있던 원화의 일부를 팔아 달러 현금을 증가시켰다.

원달러 환율은 부동산 가격이나 주가처럼 계속해서 우상향하는 것이 아니라, 거대한 박스권 안에서 움직였다. 따라서 환율이 올라 달러를 팔다가 달러 현금이 바닥을 드러낼 때쯤이 되면, 환율이 다시 내려가면서 달러를 팔아 늘어난 원화를 다시 팔아 달러를 살 수 있는 기회가 생겼다. 마치 시소처럼 환율이 오르든 떨어지든 그야말로 그 어느 순간에서도 현금이 늘어가는 신기한 구조가 현실화된 것이었다.

한서는 70억 원의 자산을 형성하고도 찾을 수 없었던 여유를, 어찌 보면 아주 단순해 보이는 달러 투자 시스템 구축만으로 얻을 수 있을 것 같았다. 그렇게 달러 투자로 월 평균 500만 원가량의 안정적이고 무위험에 가까운 현금 흐름을 만들었을 때, 한서는 그야말로 오랫동안 바라왔던 일을 할 수 있었다.

바로, 회사를 떠나 경제적 자유를 찾는 일이었다.

42

지나친 욕심

한서와 다영은 자신들을 이어준 추억의 장소를 여행하는 것도 기념이 될 만한 일이라고 생각했다. 하지만 결국 그들의 여행은 절대 하지 말았어야 할 최악의 선택이 되었다.

한서는 강원랜드 방향으로는 오줌도 싸지 않겠다는 그 다짐을 지켰어야만 했다. 달러 투자를 통해 투자의 메커니즘을 깨달은 그는 다음 목표를 주식 투자로 정했다. 달러 투자가 지속적이고 안정적인 수익을 가져다주고 있었고, 부동산 투자와 달러 투자 등 잇따른 성공으로 자신감이 지나치게 붙은 터였다. 그래서 다영과 함께 놀러 간 강원랜드 리조트에서 바람에 나부끼는 현수막을 마주하는 순간, 지금까지 한 번도 생각해 본 적 없었던 새로운 깨달음에 소름이 돋을 정도였다.

한서는 느닷없이 다영에게 물었다.

"주식 시장에서 잃지 않고 안전하게 돈을 벌려면 어떻게 해야 할까요?"

"그런 방법이 있을 리 없잖아요?"

"있어요! 증권사라면 가능하잖아요. 돈을 잃는 사람이든 얻는 사람이든 증권 거래 수수료는 내야 할 테니까."

"그렇긴 하네요."

"그렇다면 카지노에서 잃지 않고 안전하게 돈을 벌려면?"

"주식 시장에서 증권사가 무위험 수익을 내듯이, 카지노를 직접 운영할 수 있다면 가능하겠죠."

"바로 그거예요! 도박으로 돈을 잃지 않고 버는 가장 좋은 방법은 카지노 사업을 직접 하는 거죠."

"그야 그렇지만… 카지노 사업을 어떻게 해요? 혹시 정킷룸 같은 걸 운영하겠다는 말은 아니죠?"

한서의 엄청난 실행력을 곁에서 지켜봐왔던 다영은 진심으로 그가 걱정이 됐다.

"저기를 봐요!"

다영은 한서의 손가락이 가리키는 하이원 그랜드 호텔 컨벤션 타워를 보았다. 빌딩 주변에는 여러 사람이 분주하게 오가고 있었고, 정문에 걸린 현수막에는 '주식회사 강원랜드 제 21기 정기 주주총회'라고 적혀 있었다.

"저게, 뭐요?"

"바로 강원랜드의 주주가 되는 거예요! 카지노 사업을 할 수 있는 가장 쉽고 간단한 방법이죠."

다영은 한서와의 추억이 담긴 곳이기는 하지만, 여행지를 강원랜드로 선택한 것이 얼마나 어리석은 짓이었는지 깨닫고는 뒤늦게 후회했다. 그녀의 걱정은 기우가 아니었다. 한서의 실행력은 무서우리만큼 강하고도 신속했다.

그날 이후, 한서는 강원랜드 주식을 무작정 사들이기 시작했고 그렇게 총 9억 원가량의 강원랜드 주식을 보유하게 되었다. 2019년 12월, 한서가 주식 매수를 마무리했을 때 그가 보유한 강원랜드 주식은 약 3만 주에 달했다.

하지만 한서가 자신의 판단이 완전히 빗나갔다는 것을 깨닫게 되는 데는 그리 오랜 시간이 걸리지 않았다.

43

그럴싸한 계획

미국 전설의 복서 마이크 타이슨은 전성기 시절 이런 유명한 말을 남겼다.

"누구나 그럴싸한 계획을 가지고 있다. 처맞기 전까지는."

타이슨의 명언은 한서가 처한 상황을 제대로 보여주는 가장 적절한 말이 되었다. 한서의 계획은 그야말로 그럴싸했다.

그는 카지노에서 돈을 벌 수 있는 가장 좋은 방법은 카지노를 직접 운영하는 것이라 생각했기에 강원랜드의 지난 10년간의 재무제표와 사업보고서를 샅샅이 조사했다. 그의 회계사 경험이 기업을 분석하는 데 아주 유용했다. 그는 조사와 분석 끝에, 강원랜드가 독점적 사업 권한을 통해 지금까지 그래왔듯 앞으로도 꾸준한 매출과 영업 이익 증가를 이어갈 것으로 결론 내렸다.

카지노의 고객이 아니라,

카지노의 주인이 되는 것.

이것이 그의 간단명료한 전략이었다.

강원랜드에 투자하기로 결심한 한서는 총 3만 주의 주식을 매수했다. 목표로 했던 주식 매수를 끝마쳤을 때의 평단가는 3만 원 수준, 총 투자금이 9억 원에 달했다.

자금이 모자라서 보유 중이던 달러까지 팔아서 충당한 터였지만, 완벽에 가까운 사전 조사와 분석이 있었기에 그는 두려울 게 없었다. 다만 달러 투자는 그 가격이 박스권 안에서 움직이기에 시기와 상관없이 언제든 투자할 수 있지만, 주가는 우상향하므로 기회를 놓치면 안 된다는 생각에 조급해졌다.

강원랜드의 배당금은 주당 900원 정도였기에 매년 2,300만 원의 배당 수익을 기대할 수 있었다. 그래서 배당금을 다시 재투자하고 지속적인 추가 투자로 그 규모를 키워서 10년 후에는 배당 수익을 연간 5,000만 원 수준으로 늘리겠다는 야심 찬 계획까지 세웠다.

하지만 그럴싸해 보였던 그의 계획에 얼마 지나지 않아 먹구름이 드리웠다.

‘중국 우한서 폐렴 환자 집단 발생.’ 2020년 초, 이런 뉴스가 나올 때까지만 해도 주가 하락은 잠시 잠깐의 해프닝에 지나지 않을 거라 한서는 생각했다. 하지만 ‘코로나19’라는 바이러스명에 익숙해질 때쯤 강원랜드의 주가는 30% 이상 하락해 버렸고 한서의 계획도 틀어지기 시작했다.

‘실현하지 않은 손실은 확정된 것이 아니야.’ 한서는 마음속으로 이 같은 말을 수도 없이 되뇌었지만, 3억 원의 손실을 회복하는 일은 요원해 보였다.

한서는 급기야 좋은 주식을 싸게 살 기회일 수도 있다는 잘못된 자기 최면에 빠져, 어차피 처음부터 주식 수를 늘려가기로 마음먹었던 것 아니냐며 스스로 합리화하다, 이를 실행에 옮기기까지 했다. 무엇보다 심각한 건 평소 절대로 해서는 안 된다고 다짐했던 레버리지를 투입한 것이었다. 예상치 못했던 엄청난 손실이 한서의 뇌 기능을 마비시키고 말았던 것이다.

주가는 변해도 기업의 가치가 변하지 않는다면, 그것이 언제일지는 몰라도 주가가 원래의 위치로 회귀할 거라고 그는 믿었다. 하지만 전염병으로 인한 카지노 영업장 임시 휴장 뉴스 앞에서 그 기대 역시 처참하게 무너져 내렸다.

그리고 2021년 3월 19일, 역사적인 주가 폭락의 마지막 날 한서의 주식은 정확히 반 토막이 나고 말았다. 레버리지까지 동원한 탓에 반대 매매를 당한 그의 계좌에 남은 건 2억 원이 전부였다.

9억 원이… 2억 원이 된 것이다.

한서가 반대 매매를 당한 바로 그다음 날부터 드라마틱한 반전이 일어났다. 주가가 브이 자 반등을 하며 무섭게 오르기 시작한 것이다. 문제는 이 상황이 그에게 단 하루만 더 버텨냈어도 이렇게까지 처참한 투자 실패를 경험하지 않았을 거라는 헛된 생각을 키워, 남아 있던 2억 원마저 손실 보전을 위해 투입하게 만든 것이다. 이로써, 그가 투자한 돈 모두가 허공으로 증발해 버렸다. 변동성이 큰 테마주에 손을 댄 대가였다.

주식 계좌에 있던 9억 원이 사라진 후에야 한서는 깨달았다.

도박도 투자가 될 수 있지만
투자도 도박이 될 수 있다는 걸.

한서는 주식으로 도박을 했던 것이다.

44

블랙 스완

"나도 자기 따라서 강원랜드 들어갔다가 빌라 한 채 시원하게
해먹었네 그려."

소주잔을 기울이던 문신남이 한탄을 늘어놓았다.

"아니, 사장님도 들어갔었어요?"

이 사실을 전혀 알지 못했던 한서가 깜짝 놀라서 물었다.

"나도 자기 계획이 그럴싸하다고 생각했거든. 그 뭐야, 자기가
했던 그 말, '카지노의 고객이 될 게 아니라, 카지노의 주인이 되겠
다.' 그 말에 그냥 꽂혔지 뭐야. 어쨌든 이론과 실제는 다르다는 걸

확실히 알았지 뭐. 수업료가 너무 비싸서 문제지만……."

"그래도 함께라서 외롭지는 않네요."

한서의 농담에 신남도 '홋' 하며 웃어 버렸다.

"그래서 이젠 어쩔 셈이야? 시드도 부족해서 그 달러 투자인가 뭔가도 못 하게 된 거 아냐?"

"다행히 환율은 많이 올라서 조금 만회하긴 했어요."

"그나마 다행이네. 절대로 잃지 않는 그런 투자라고 하더니… 주식에는 왜 손을 대서……."

"그러게요. 욕심이 화를 불렀죠, 뭐."

신남과 헤어지고 집으로 돌아오는 버스 안에서, 한서는 지난 실패의 과정을 하나씩 복기해 보았다.

몇 년 전 강원랜드 셔틀버스 안에서 돈을 잃고 복기했던 지난날이 오버랩 되었다.

"어떻게 하나도 변한 게 없냐…."

한서는 씁쓸한 목소리로 혼잣말을 내뱉었다. 완벽에 가까운 기업 분석에도 불구하고, 천재지변 같은 코로나19라는 복병이 그의 투자를 실패로 내몬 셈이었다. 이른바 '블랙 스완'에 당한 것이다.

블랙 스완이란 말 그대로 검은색 백조란 의미인데, 절대로 일어날 것 같지 않은 일이 일어나는 상황을 뜻했다. 극단적으로 예외적이라서 발생 가능성이 없어 보이지만, 일단 한번 발생하면 엄청난 충격과 파급 효과를 불러일으키는 일이다.

주식 시장을 비롯한 투자 세계에서는 검은색 백조의 출현처럼 전혀 예상치 못했던 일이 그 언제라도 일어날 수 있는 것이다. 그리고 단 한 번의 실수로도 지금껏 쌓아 온 모든 것이 물거품이 될 수 있었다.

투자는 더하기 게임이 아닌 곱하기 게임이다. 그래서 단 한 번이라도 제로나 마이너스를 곱하게 되면 모든 것이 무너져 버린다. 한서는 이런 사실들을 간과했던 것이 실패의 가장 큰 원인이었음을 알았다. 절대로 사용하지 말았어야 할 레버리지를 투입한 것 역시 화를 불렀다. 레버리지만 사용하지 않았더라면 반대 매매를 당하지 않았을 것이고, 손실금 또한 이렇게 크지 않았을 터였다.

스스로 세운 원칙을 지키지 않은 대가는 대단히 혹독했다. 그동안 비교적 차분하게 원칙을 지켜왔던 자신이 왜 그렇게 행동했는지, 명확한 이유를 찾기 어려웠다.

◆ ◆ ◆

"삼성 이재용이가 카지노에 갔다가 도박으로 하루 만에 1억을 날려 먹었다고 해 보자. 그 맴이 어떻겠냐?"

태삼이 물었다.

"어떻긴 어때요~ 그냥 잘 놀다 간다고 생각하겠죠?"

"그럼, 니라면?"

"죽고 싶겠죠."

"그럼 이재용이허고 니허고 둘 중에 누가 더 정신력이 강한 거 같냐?"

"당연히 이재용이겠죠."

"그럼 이재용이허고 니허고 비행기를 타고 가다가 추락했는데 둘만 살아서 무인도에 남았다면, 이재용이허고 니허고 둘 중에 누가 더 지정신일 것 같냐?"

"그런 상황이라면… 그래도 제가 조금은 더 낫지 않을까요? 저는 어차피 잃을 것도 없고……."

"바로 그거여! 인간의 정신력이란 게 조금 강허고 약허고는 있겠지만서도 그 차이가 크지는 않다는 거여. 이재용이는 돈이 워낙에 많을 테니께 카지노에서 1억 정도 날리는 건 우스운 일이겠지만 전 재산이 1억 원인 사람헌테는 하늘이 무너지는 일 아니겠냐? 결국 인간의 정신력은 그 사람 자체가 아니라 그 사람이 가진 환경에 따라 달라진다는 게 나으 생각이다, 이 말이여."

"그렇네요. 무인도에서는 돈이 많고 적고가 큰 의미가 없을 테니 이재용이나 나나 무섭고 두려운 건 비슷하겠어요."

"이제 니 머릿속에는 게임에서 이기는 방법이 완벽히 들어갔을 거여. 하지만 마지막으로 하나 더 필요헌 게 있는디… 그것이 바로 멘탈이여."

"멘탈이요? 멘탈을 강하게 만드는 뭐 그런 책도 있나요?"

"안타깝게도, 그건 책 같은 걸로 얻을 수 있는 지식이 아녀. 물론 마음가짐을 좀 더 강하게 먹게끔 위안을 주는 책은 있겠지만서도 그런 책을 읽고 마음을 다잡는다고 혀도 전 재산이 1억인 사람이 1억을 다 잃었는데 아무렇지 않을 수는 없지 않겠냐?"

"그럼 어떻게 해야 되는 건데요?"

"니가 새벽 4시에 칼같이 깨려면 어떻게 해야 겄냐? 그게 정신력으로 가능허냐?"

"그 시간이면 누가 업어가도 모를 텐데, 당연히 불가능하죠."

"그런데 아주 간단한 방법이 하나 있지."

"뭔데요?"

"알람을 맞추면 되는 거 아녀?"

◆ ◆ ◆

태삼이 멘탈을 다스릴 수 있는 유일한 방법으로 일러준 것은 다름 아닌, '환경 조성'이었다. 그는 이렇게 조성된 환경을 '시스템'이라고 불렀다. 인간의 멘탈은 유리조각 같아서 쉬이 깨질 수밖에 없다. 한서가 주식에 투자하면서 레버리지를 절대로 사용해선 안 된다는, 스스로 세운 원칙을 깬 것은 멘탈 붕괴가 그 원인이었다. 이

성이 마비된 상태에서 마음까지 놓아 버린 것이다.

하지만 그렇게밖에 할 수 없는 어떤 환경, 그러니까 기상 알람 같은 시스템을 만들면 멘탈을 통제하고 조절하는 것이 어느 정도 가능해진다.

주식 투자에 성공하는 가장 좋은 방법은 주식을 산 후 망치로 자신의 머리를 내리쳐서 기절을 하거나 잠시 감옥에 다녀오는 것이라는 우스갯소리가 있는 것도 이와 같은 맥락이었다.

'그래… 바로 그거야. 나에겐 멘탈을 유지시켜줄 시스템이 없었던 거야."

한서는 그제야 투자 실패의 근본적인 원인을 깨달았다.

그가 마카오 대첩에서 승리하는 데 가장 큰 영향을 미친 건 태삼의 설계도, 한서의 카드 카운팅 실력도 아니었다. 중요한 건 다영에 대한 사랑이었다. 그가 태삼에게 내걸었던 게임 참여 조건은 혹여 돈을 따게 되더라도 자신은 한 푼도 가져가지 않겠다는 것이지 않았는가. 한서는 위험에 처한 다영을 어떻게든 구해내야 한다는 생각에 '돈 욕심'을 버리는 일종의 환경을 구축해 냈고, 그것이 곧 '멘탈을 유지할 수 있는 시스템'으로 작용할 수 있었다.

한서는 주식 투자 실패와 마카오 대첩 승리에서 얻은 교훈을 앞으로의 투자에 응용해 보기로 했다. 그가 달러 투자로 절대 잃지 않는 상황을 만들 수 있었던 것도 시스템에 의한 통제로 가능했다. 환율이 오르면 원화를 매도해 달러를 확보하고, 환율이 내리면 달러를 매도해 원화를 확보하는 '시스템'이 주요 비결이었던 것이다.

한서는 문신남의 오피스텔 한 편에 자리를 마련하고 전업 투자자의 길을 가기로 했다. 70억 자산가에서 한순간에 실직자로 전락한 그를 안타깝게 여긴 신남의 배려 덕분이었다.

자본금이 확 줄긴 했지만, 시간이 흐르면서 한서는 달러 투자를 통해 최소한의 생활비 정도를 충당하게 되었다. 주식 투자에도 달러에 투자할 때와 유사한 투자 시스템을 구축했다. 그가 '세븐 스플릿'이라 이름 붙인 투자법은 간단하지만 효과는 강력했다.

시소처럼 움직이는 원화와 달러의 등락을 이용해 수익을 냈던 것처럼 환율과 주식도 밸런스를 유지하며 안정적으로 투자하는 것이 가능했다. 한서가 달러 투자뿐 아니라 주식 투자에서도 잃지 않는 안전한 투자가 가능하다는 것을 증명해 보이자, 그를 옆에서 오랫동안 지켜본 신남도 '세븐 스플릿 투자 시스템'에 관심을 보이기 시작했다.

"그 세븐 뭔가 하는 거… 어떻게 하는지 나도 좀 가르쳐 줘 봐."
"지난번에 얘기할 때는 투자는 한 방이라면서, 관심 없다고 그러지 않았어요?"

은근 뒤끝이 있는 한서였다.

"나 이번에 바이오 테마 잘못 들어갔다가 빌라 한 채 또 날려 먹었어. 이제 정신 좀 차려 보려고…."

신남의 투자 상황을 누구보다 잘 알고 있던 한서는 흔쾌히 자신이 고안한 세븐 스플릿에 관해 자세히 설명해 주었다.

"이 투자 시스템을 한마디로 말하면, '분할 매수, 분할 매도법'이라고 할 수 있어요."
"분할 매수하고 분할 매도해야 한다는 건 나도 잘 알지. 하지만 그게 말처럼 돼야 말이지."

"맞아요. 이게⋯ 회사에 지각하지 말아야지 생각하고 다짐해도 의지만으로는 잘 안 되는 것과 마찬가지예요. 하지만 이럴 땐 어떻게 하나요? 기상 알람만 맞춰도 어느 정도 통제가 가능하죠. 주식 투자를 할 때도 멘탈을 유지시키기 위한 일종의 시스템을 만들 수 있어요."

"프로그램 같은 걸 돌린다는 건가?"

"프로그램? 뭐 비슷하다고도 할 수 있겠네요."

달러 투자를 통해 물타기가 아닌 분할 매매에 대한 가치를 깨달은 한서는 이를 주식 투자에도 활용해 보기로 했다. 하지만 주식 투자에서는 이 개념이 생각처럼 쉽게 적용되지 않았다. 분할 매수를 물타기라고 부르는 이유에 걸맞게, 추가로 매수한 주식이 최초에 매수한 주식과 잘 섞여 버려서 '새 주식'으로 보이지 않았기 때문이다. 최초 매수 주식과 추가 매수 주식을 구분하는 유일한 방법은 매수 가격과 수량을 기억하고 있거나 엑셀 프로그램 등에 기록해 놓는 것뿐이었다.

사실 이는 매우 귀찮고 번거로운 일이라서 갑작스러운 매도 타이밍을 놓치는 일이 비일비재하게 발생했고, 분할 매도를 할 때도 주식 트레이딩 시스템상에서는 수익이 아닌 손실로 표시되므로 찝찝하기 짝이 없었다. 심지어 3차, 4차 분할 매수까지 한 경우에는 도대체 몇 주를 얼마에 산 것인지조차 구분하기 힘들어지는 지경에 이르렀다.

엑셀 작업 같은 별도의 기록 없이도 분할 매매를 쉽고 간단하게 할 수 있는 방법은 없을까 계속 고민한 끝에, 한서는 마침내 그것을 찾아내는 데 성공했다. 그가 고안한 주식 분할 매매법은 간단했지만 효과적이었다.

그것은 '새 술은 새 부대'에 담듯 '새 주식은 새 계좌'에서 사는 방식이었다. 이 방법대로 하면, 추가로 매수한 주식이 이전에 산 주식과 섞이는 일이 원천적으로 차단되었다.

"제 머릿속에는 총 7명의 주식 투자 자아가 각각의 주식 계좌를 담당하고 있어요. 1번 계좌를 담당하는 투자 자아의 수익률은 별로 좋지 않죠. 하지만 2번, 3번, 4번, 5번, 6번, 7번 이렇게 다음의 계좌를 담당하는 투자 자아들은 뒤로 갈수록 점점 더 좋은 수익률을 자랑해요. 그도 그럴 것이 1번 투자 자아는 항상 비교적 높은 가격에 주식을 사게 되거든요. 하지만 시행착오를 겪은 1번 투자 자아 덕분에 2번과 3번 그리고 4번, 5번, 6번, 7번의 투자 자아들은 같은 주식도 훨씬 더 낮은 가격에 매수하는 투자의 고수가 될 수 있어요."

"그렇게 계좌를 많이 사용하게 되면 복잡하지 않나?"

"실제로 해 보면 아주 간단해요. 각각의 계좌에 들어 있는 주식들은 물을 타지 않은 상태라서 수익률을 따로 계산하거나 분할 매도할 필요가 없어요. 수익률이 파란색이면 그냥 놔두면 되고, 빨간색이라면 그날의 기분에 따라 언제든 전량을 팔아 버리더라도 결국은 분할 매도나 다름없게 되는 거죠. 제가 보유한 총 7개의 계좌 중 1번 계좌는 최초로 매수한 종목들이 모여 있는 계좌이고, 종목별 목표 수익에 달성하기 전에는 절대로 매도하지 않는 장기 투자용 종목들로 구성돼요. 그리고 만약 1번 계좌에 속해 있던 종목 중 일정 비율 이상의 하락이 발생한 종목은 2번 계좌에서 추가 매수가 진행되는 거죠. 똑같이 2번 계좌에서도 추가 하락이 발생한 종목은 3번 계좌에서 추가 매수가 진행되는 식으로요. 무엇보다 저는 각 계좌마다 추가 매수가 진행되는 하락의 비율을 달리 적용했어요. 예를 들면 1번 계좌의 매수가 기준으로 각각 3%, 5%, 10%, 20%, 40%, 70% 하락했을 때마다 총 여섯 번의 추가 매수가 이루어지는 구조인 셈이죠."

신남은 머리를 한 대 얻어맞은 듯한 충격을 느꼈다. 열심히 설명을 이어가던 한서 역시 넋이 나간 듯한 신남의 표정에 잠시 주춤했다. '설명이 너무 어려웠나? 좀 더 쉽게 설명해야 하나?'

"그러니까… 한마디로 투자 자아를 여러 개로 분리시킨다고 보면 돼요. 제가 마카오 대첩 때 혼자서 7명의 플레이어로 베팅했던 것과 비슷하다고 보면 될 것 같은데……."

사실 '세븐 스플릿'이라는 이름도 마카오 대첩의 승리를 스스로 기념하며 지은 것이었다. 한서의 얘기를 가만히 듣고 있던 신남이 천천히 입을 뗐다.

"그것 참 신박한 투자법이네. 하지만… 조~금 귀찮기는 하겠어. 장기적 관점의 가치 투자가 메인이기는 하겠지만 단기 트레이딩을 병행해야 할 테니까……."

한서는 신남이 자신의 설명을 제대로 이해한 것 같아 다행이라는 생각이 들었다.

"돈 벌려면 그 정도 귀찮은 건 감수해야죠."
"그렇기는 하지만… 그걸 프로그램으로 만들면 어떨까?"
"프로… 그램이요?"

신남의 얼굴이 한순간, 특유의 익살스럽고 신나는 표정으로 바뀌었다. 이윽고 그의 입에서 알 수 없는 단어들이 쏟아져 나왔다.

"델파이로 크리에이트 파일 맵핑을 이용해서 레코드 타입을 구성하면 되겠지? 매수 시점을 저장하는 바이너리와 닷넷이 가격 데이터를 인트로 받아서 처리하면 프로퍼티가 생성될 것이고……."

한참 동안 복잡한 프로그래밍 전문 용어들을 내뱉으며 신남은 실시간 머릿속으로 무엇인가를 구상하는 듯했다. 그러더니 자리에서 벌떡 일어나며, 한서에게 말했다.

"그거… 내가 직접 만들어서 써먹어야겠는걸."

눈앞에서 그런 신남의 모습을 지켜보던 한서가 아연실색해져서는 물었다.

"누구냐, 넌!"

46

세상을 풍요롭고 자유롭게

누가 보든, 어떻게 보든 전직 조폭 출신 건달로밖에 안 보이는 문신남.

하지만 그의 반전 과거에 놀란 한서는 입이 쉬이 다물어지지 않았다. 자신의 블랙잭 베팅 전략을 궁금해하던 그에게 마틴게일과 파로리 시스템 베팅에 관해 설명해 주었을 때도 단번에 이해하는 것을 보고, 한서는 신남이 보기보다 머리가 좋구나 생각하긴 했다.

하지만 그가 서울대 수학과 출신의 수재라는 건 상상도 못 한 일이었다. 정말 사람은 겉모습으로 판단해서는 안 됐다. 영화 〈매트릭스〉를 보고 감명받아 컴퓨터 프로그래밍에 관심을 갖게 되었다는 신남은, 영화 속 네오처럼 좋은 프로그램으로 세상을 좀 더 풍요롭고 아름답게 만들리라 다짐했다고 한다.

"그… 목에 있는 그건 무슨 뜻이에요?"

한서는 신남의 목에 새겨져 있는 특이한 모양의 문신을 손가락으로 가리켰다. 강원랜드에서 신남을 처음 보았을 때도 신기하게 보여 궁금했던 거였다.

"아, 이거는 내가 회사 다닐 때 마지막으로 참여했던 프로젝트에서 사용한 주요 소스 코드 중 하나지. 자기도 지금 사용하고 있을 텐데? 마카오톡이라고……."

"아니, 사장님이 마카오톡을 만든 사람이라고요?"

"아니~ 아니, 만든 사람까지는 아니고… 개발에 쬐~끔 참여했다는 거지."

신남은 손사래를 치며 겸손하게 말했지만, 사실 그는 전 국민이 사용하고 있는 모바일 메신저 마카오톡의 초기 모델 개발을 총괄한 엄청난 전력을 가지고 있었다. 그의 프로그래밍 실력은 IT업계에서도 꽤 유명해서 은퇴한 지 7년이 다 되어가는 지금까지도 영입 제안을 받고 있었다.

회사라는 틀에 갇힌 개발자로서의 삶은 자유로운 영혼의 소유자인 그에게는 맞지 않는 옷처럼 불편했고, 우연히 떠난 인도 여행에서 그는 자유를 얻는 방법에 대한 깨달음을 얻었다고 했다.

가난한 사람들을 보면서 어떤 이들은 물질을 좇지 않는 무소유의 삶을 생각하지만, 신남의 깨달음은 사뭇 달랐다. 돈을 좇지 않는 자유로운 삶을 살기 위해서는 결국 돈이 많아야 한다는 인생철학을 갖게 된 것이다. 월급쟁이의 삶으로는 그러한 철학을 실현할 수 없다고 판단한 신남은, 한서가 그랬던 것처럼 잘 다니던 회사를 그만두고 투자자의 삶을 택했다.

회사에서 나온 신남이 가장 먼저 관심을 둔 건 부동산이었다. 그는 자신의 전문 분야였던 빅데이터 기술을 활용해 전국의 부동산 가격을 분석했다. 다만 자본이 많지 않았기에 아파트보다는 빌라에 관심을 가졌고, 처음엔 이른바 '반지하 썩빌(상태가 좋지 않은, '썩은 빌라'를 지칭하는 은어)'을 경매로 싸게 사들여 되팔면서 큰 수익을 냈다. 이후 신남은 신축빌라 시행과 분양에까지 손을 뻗어 큰 자산을 일구었지만, 한서처럼 무차별적인 정부의 부동산 규제책 때문에 빌라를 대거 처분하고 요즘은 손가락만 빨고 있는 신세가 되었다. 그러던 차 한서를 따라 주식 투자를 시작했다가 큰 실패를 맛본 것이다.

한서는 세븐 스플릿 투자 시스템을 프로그램으로 만들어 구현하면 좋겠다는 신남의 말에 좋은 아이디어가 하나 떠올랐다.

"이왕 만드는 거면… 사실 우리만 사용하기엔 많이 아깝지 않나요?"

"그렇기…는 하지."

"혹시 그거… 모바일 앱 같은 걸로 만들 수는 없을까요?"

"모바일 앱?"

"프로그램으로 세상을 풍요롭고 자유롭게 만들고 싶었다면서요~. 이걸 세상에 공개하면 보다 많은 사람이 우리처럼 잘못된 투자를 할 확률을 줄일 수 있지 않을까요?"

47

투자 유치

"재용아, 고맙다."

엘리베이터를 기다리고 있던 한서가 곁에 선 재용에게 그동안 제대로 표현하지 못했던 감사의 인사를 전했다.

"나는 그냥 소개만 시켜주는 건데, 뭘……."

그날도 각 잡힌 말끔한 수트 차림의 재용이 별거 아니라는 듯 웃으며 말했다. 그때, 재용의 휴대폰 진동이 울렸다.

"예! 회장님, 지금 막 도착해서 올라가는 중입니다."

한서와 신남이 함께 개발한 서비스의 투자 설명회가 있는 날이었다. 그들은 세븐 스플릿의 초기 모델이라 할 수 있는 달러 투자 시스템을 앱 서비스로 구현했고, 이것으로 시장에 큰 반향을 불러일으키는 데 성공했다. '달러 리치'라는 이름의 앱 서비스는 출시한 지 1년 만에 월간 이용자 수 10만 명을 달성할 정도로 빠르게 성장하고 있었다. 세븐 스플릿의 투자 개념을 달러 투자에 접목한 이 새로운 서비스는 과거 부자들의 자산 배분 용도에 불과했던 달러 투자를 일반적이고 평범한 사람들도 접근할 수 있는 유용하고 쉬운 투자 상품으로 만들어주었다.

하지만 문제가 있었다. 한계에 도달했다는 점이었다. 한서는 달러 리치를 통해 더 많은 사람이 달러 투자로 돈을 버는 것은 물론 투자의 메커니즘을 이해하는 데 도움을 얻길 바랐지만, 자본의 한계에 봉착한 것이다. 달러 리치를 제대로 알리려면 어마어마한 마케팅 비용과 추가 개발 비용이 필요했다. 한서와 신남은 이미 그들의 전 재산을 달러 리치의 사업화에 투자했지만 역부족이었다.

이때, 강남 부자들의 자산을 관리하고 있던 재용이 한서에게 최철식 회장이라는 자산가를 소개해 주었다. 이에 최 회장이 사업에 관한 좀 더 자세한 이야기를 듣고 싶다며 한서를 초대한 것이다.

엘리베이터 문이 열리자, 심플하지만 모던하고 그러면서도 럭셔리한 느낌의 로비가 펼쳐졌다. 비서의 안내에 따라 최 회장의 집무실로 들어선 한서는 대형 유리창 사방으로 펼쳐진 한강 풍경에 압도되었다.

"아이고~ 얘기 많이 들었습니다."

최철식 회장이 한서를 반갑게 맞이했다.

"바쁜 양반을 여기까지 오게 해서 미안하구먼~."
"아닙니다, 회장님. 이렇게 시간 내 주셔서 감사합니다."

함박웃음을 짓는 최 회장의 입안에서 금니가 반짝였다. 명동에서 사설 환전소를 운영하며 사채업을 했다던 그는 그 바닥에서 나름 유명한 장사꾼이었다고 했다. 먹고사는 데는 문제가 없었지만 큰돈은 만지지 못했던 그가 1,000억 원대 자산가가 될 수 있었던 것은, 2018년 갑자기 대한민국을 뒤흔들었던 비트코인 열풍 덕이었다. 황 씨라는 인물과의 거래가 그 시작점이었다. 암호화폐 거래소 간의 가격 차이를 이용해 이른바 '김치 프리미엄'으로 돈을 벌고자 한국에 밀입국한 조선족 사기꾼, 황 씨 그리고 이를 환전하는 과정에서 벌어진 한 번의 사고가 최 회장의 인생을 송두리째 바꾸어 놓았다.

황 씨는 최 회장에게 돈을 빌려 비트코인을 대량으로 매수했다. 하지만 갑작스럽게 가격이 폭락하자 돈을 갚을 수 없게 되었고 중국으로 도망하려던 찰나 최 회장에게 붙잡히고 말았다. 치열한 몸싸움 과정에서 황 씨는 그만 목숨을 잃었고, 최 회장은 과실치사와 정당방위가 인정되어 4년 넘게 감옥살이를 했다.

인생은 새옹지마라 했던가. 그사이 최 회장이 황 씨에게 돈을 빌려주며 담보로 받아 놓았던 비트코인의 가격이 폭등해 1,000억 원 상당의 가치로 튀어오른 것이다. 이 같은 사연이 온라인상에 퍼지면서 최 회장은 '명동 존버왕'이라는 별명까지 얻었다.

친구 재용이 그런 최 회장을 한서에게 소개해 주었을 때, 다영은 그의 과거가 다소 찜찜하다며 다른 방법을 찾아보자고 했다. 하지만 달러 리치 앱을 만들고 회사까지 차린 한서는 스무 명이 넘는 직원들에게 당장 월급을 줄 일도 막막했기에, 검은 돈 흰 돈 구분할 형편이 아니었다.

"지금은 투자 데이터와 투자 관리 기능 정도뿐이어서, 수익 모델 또한 광고에 의존할 수밖에 없는 상황입니다. 유저들의 요구에 맞는 다양한 추가 기능이 필요할 뿐만 아니라, 오랫동안 계획해 왔던 달러 트레이딩 시스템을 구현해야 할 때가 된 것입니다."

한서의 프레젠테이션을 차분히 듣고 있던, 최 회장이 흡족한 미소를 지으며 물었다.

"환전 트레이딩 서비스를 위해서는 은행과의 시스템 연동도 필요할 텐데요. 갑작스러운 환율 리스크 헤지를 위해서도 은행과의 협업은 꼭 필요할 거고…."

우려했던 것과 달리 명동에서 오랫동안 환전 사업을 해온 경험 덕분인지 최 회장의 달러 투자에 대한 이해도는 매우 높았다. 한서는 다영의 걱정이 기우였다고 생각하면서 대답을 이어갔다.

"은행과의 시스템 연동은 이미 끝난 상태입니다. 여기 계시는 김재용 차장님의 도움으로 신성은행과의 계좌 연계 시스템 구축을 완료했습니다. 달러 트레이딩 시스템은 주식과는 다르게 고객들의 예치금 비율이 높은 편입니다. 주식의 경우 자금 대부분이 주식을 매수하는 데 소요되지만, 달러 투자의 경우 원화로 달러를 매수하거나 달러로 원화를 매수하더라도 결국 둘 다 현금 상태일 테니까요."

"퍼펙트네~ 퍼펙트!"

최 회장이 물개박수까지 치며 화통하게 웃었다. 한서는 안도하며 허리를 굽혀 감사의 인사를 전했다. 그러고는 이어서 말했다.

"그런데…… 이게 끝이 아닙니다."
"지금도 완벽해 보이는데, 뭐가 더 있어요?"

자리에서 일어나려던 최 회장이 눈을 반짝이며 자세를 고쳐 앉았다.

"달러 리치는 시작에 불과합니다. 현재 '세븐 스플랏'이라는 인공지능 투자 로봇을 연구 중인데, 개발이 완료된다면 주식 투자의 패러다임을 바꾸는 혁신적인 일이 될 겁니다."

최철식 회장은 그 자리에서 한서의 회사에 100억 원을 투자하기로 결정했다.

48

잘못된 만남

"오늘의 초대 손님은… 요즘 아주 핫하죠? 달러 리치를 서비스하고 있는 세븐 스플릿의 최철식 회장님이십니다! 안녕하세요? 회장님~."

"예, 반갑습니다."

◆ ◆ ◆

TV를 통해 최 회장의 인터뷰를 보고 있던 신남이 소주잔을 탁자에 내려쳤다.

"이제 완전히 지가 우리 회사 주인인 것처럼 행세하네."

한서도 답답한 듯 소주를 단번에 입에 털어 넣으며 말했다.

"주식이 가장 많으니 주인은 주인이지, 뭐……."

소주가 쓴지 눈가를 찌푸리며 한서가 다시 TV로 시선을 옮겼다.

◆ ◆ ◆

"명동 존버왕이라는 별명으로도 유명하신데, 그런 얘기 들으면
기분 나쁘지 않으세요?"
"허허… 여러분이 붙여준 애칭이라 생각하고 감사하게 여기고
있습니다."

◆ ◆ ◆

"감사 좋아하네~. 최 회장 그냥 놔두면 큰 사고 한번 칠 거 같은
데? 나랑 다영 씨 지분까지 합치면 한번 해 볼만하지 않을까?"
"저도 계산은 해 봤는데, 어림도 없어요……."

◆ ◆ ◆

"세븐 스플릿을 곧 상장시킬 거라는 얘기가 있던데, 계획이 있

으신가요?"

"아무래도 그래야겠지요? 지금 상장 예비 심사 청구를 준비 중
이니까 조만간 구체적인 발표가 있을 겁니다."

❖ ❖ ❖

세븐 스플릿에 100억 원이라는 큰돈을 투자한 최 회장의 본색이
드러나는 데는 오랜 시간이 걸리지 않았다. 자금 수혈 덕분에 달러
트레이딩 시스템 개발을 비롯한 한서의 여러 가지 계획은 순조롭
게 진행되었지만, 어쩐지 회사는 점점 만신창이가 되어갔다.

최 회장의 소개를 받고 추가로 투자하고 싶다는 사람들이 회사
로 찾아왔을 때만 해도, 한서는 일이 이렇게까지 꼬이게 될 거라고
는 상상도 못 했다.

이미 자금이 넉넉했기에 추가 투자가 필요한 것도 아니었지만,
한서는 최 회장의 부탁을 야멸차게 거절할 수 없었기에 그가 소개
한 투자자들의 자금을 모두 소화해야 했다. 시간이 흐르면서 회사
에는 사용하지 않은 투자 잉여금이 쌓여갔고, 그럴수록 한서와 신
남 그리고 다영의 지분은 희석되어 점차 줄어들었다.

물론 유상 증자가 있을 때마다 최철식 회장의 지분율도 함께 줄
긴 했지만, 사실 그 모든 것은 최 회장이 처음부터 세운 계략의 일
부일 뿐이었다.

"여기… 김재용 차장이라고, 그 냥반하고 얘기 좀 나누고 싶은 디…"

한서의 회사에 투자하고 싶다며 먼저 재용을 찾은 건, 최 회장이었다. 직원이라기보다는 부하라는 표현이 더 알맞아 보이는 덩치 사내들이 이미 최 회장의 지시에 따라 한서의 주변을 감시해 왔고, 그러다 친구인 재용에게 접근해 작업을 진행한 것이었다.

"맡겨만 주십시요, 회장님!"

최 회장의 어마어마한 자금을 관리하게 된 재용은 그의 충실한 개로 변해갔다.

한서는 재용을 믿었던 만큼 최철식 회장도 믿었기에 아무런 부담 없이 투자를 받게 되었고 그런 투자가 있은 후로부터 그들은 자주 함께 만나며 즐거운 시간을 보내며 함께 어울렸던 것뿐인데, 그런 만남이 어디서 잘못됐는지 알 수 없는 예감에 조금씩 빠져들고 있을 때즘 최 회장은 서비스보다 지분에 관심을 더 보이며 한서를 조금씩 멀리하던 그 어느 날……

최 회장이 투자자라고 한서에게 소개했던 사람들은 모두 그의 수하에 있는 직원들이었다. 그렇게 최철식은 세븐 스플릿의 실질적인 최대 주주가 될 수 있었던 것이다.

회사를 송두리째 손에 넣은 최 회장은 '의장'이라는 전에 없던 직함까지 만들어 스스로를 세븐 스플릿의 수장인 양 행세하고 다녔다. 그리고 이제는 자신의 측근들을 회사 곳곳에 배치하는가 하면, 서비스의 방향까지도 일일이 관여하는 지경까지 이르게 된 것이다.

49

돈줄을 끊으면

한서와 신남이 공동으로 설립한 주식회사 세븐 스플릿은 비상장 회사였다. 하지만 달러 리치를 아끼던 유저들이 자발적인 주식 갖기 운동을 펼친 까닭에 장외 주식 시장에서도 활발한 거래가 일어날 만큼 인기가 높았다.

세븐 스플릿의 상장 예비 심사 청구를 위한 주주총회가 소집된다는 뉴스가 뜨자, 공모주를 청약하면 돈방석에 앉게 될 거라는 얘기가 시장에 파다하게 나돌 정도였다. 하지만 한서는 이 상황을 지켜보며 마냥 웃고만 있을 수 없었다.

상장 이후 회사의 모든 자산과 특허를 비롯한 핵심기술을 싱가폴의 한 회사에 넘겨 버린다는 것이 최철식 회장의 최종 계획이었고, 한서도 이를 알고 있었기 때문이다. 심각하게 부풀려 놓은 공모가에 공모주를 매수한 개미 투자자들이 상장 후에 큰 손해를 입을 것이 불 보듯 빤했지만, 어찌할 도리가 없었다.

최 회장이 대규모의 공매도를 위해 여의도 작전 선수들을 대거 영입했다는 첩보도 있었는데, 상장 후 주가를 의도적으로 떨어뜨려 이면 계약을 한 싱가폴 회사에 헐값에 회사를 넘긴다는 것이 그의 주요 계획이었다.

정상적인 가격에 회사가 피인수 된다면 주주들도 큰 이익을 얻을 수 있는 상황이었지만, 최 회장은 공매도로 한 번, 이면 계약에 따른 이익으로 또 한 번, 그렇게 혼자서 모든 이익을 독식할 심산이었다.

며칠 후 열릴 세븐 스플릿의 주주총회에서 최 회장이 발의한 안건이 통과되고 나면, 모든 것이 끝나게 되는 절체절명의 위기였다. 그동안 열심히 일구어 놓은 회사와 서비스는 물론 돈까지 한순간에 잃을 수 있었다. 남은 건 최 회장을 설득하는 것뿐. 한서에겐 망설일 시간이 없었다. 그는 담판을 짓기 위해 최 회장의 집무실을 찾았다.

❖ ❖ ❖

"회장님, 제가 가지고 있는 모든 지분을 회장님께 양도하겠습니다. 싱가폴 쪽 회사와의 M&A를 철회해 주시는 조건입니다."

"유 대표가 뭔 소리를 듣고 왔는지는 모르겠지만, 싱가폴인가 뭐시기인가는 금시초문인디?"

골프 클럽을 닦고 있던 최 회장이 한서 쪽으로는 얼굴도 돌리지 않은 채 무심하게 말했다.

"다 알고 왔습니다, 회장님!"
"다… 알고 왔다고? 나가 볼 때는 다는 모르는 것 같은데?"

돌연 최철식 회장이 매서운 눈초리로 한서를 바라보았다.

"나한테 지금은 황천길 떠난 성이 하나 있었는데 말이여… 고것도 알고 있는가?"

한서는 그제야 최 회장이 닦고 있는 골프 클럽이 온통 금빛이라는 사실을 깨달았다. 한 번도 본 적은 없지만 황금을 유난히도 좋아했던, 태삼이 얘기해 주었던 누군가가 떠올랐기 때문이었다.

"최철두라고… 마카오서 놀음방을 하나 운영했었는디 어디 기억이나 하고 있는지 모르겠네……."

최철식 회장은 최철두의 친동생이었다. 한서의 머릿속에는 지금까지의 일들이 주마등처럼 스쳐 지나갔다.

"우리 성님한테 작업했다는 놈이 그런 말을 했다고 하드만? 돈줄을 끊으면… 목숨줄도 끊긴다고."

그대로 자리에 얼어붙은 듯, 한서는 움직일 수 없었다.

"이렇게 성님 원한도 풀어주고 돈도 많이 벌게 해줘서 고맙기는 허네, 그래. 뭐 하는겨? 손님 모셔 드리지 않고?"

최 회장의 말이 떨어지기 무섭게 건장한 체구의 직원 둘이 한서에게 다가와 양팔을 붙잡았다.

◆ ◆ ◆

최 회장의 집무실에서 내쳐진 한서는 다영과 신남이 기다리고 있는 회사로 향했다.

"어떻게 됐어요?"

한서의 질문에 신남이 안타까운 표정으로 고개를 내저었다. 그의 손에는 그동안 모아 온 위임장이 들려 있었다.

"안건 통과를 저지하려면 반대쪽 지분이 38% 정도 필요한데… 아직도 5%나 모자라."

"주주총회에 직접 참석하는 주주들 중에도 반대 표를 던져줄 사람이 있지 않을까요?"

서류를 살펴보던 다영이 힘없는 목소리로 물었다.

"지분이 나뉘어져 있어서 몇천 명 정도는 돼야 겨우 5%가 될 거예요. 그 많은 사람이 주주총회에 참석한다는 건 말도 안 되고."

한서의 대답에 다영이 입술을 질끈 깨물며 물었다.

"그럼, 이대로 끝났다고 봐야 하나요?"

한서는 팔짱을 낀 채 말도 없이 멀리 빌딩 숲만 바라보고 있었다.

50

주식 전쟁

최철식 회장의 안건은 그대로 통과되었다.

주식회사 세븐 스플릿도 예비 심사를 거쳐, 무리 없이 코스닥에 상장되었다. 상장 첫날 '따상(따블+상한가. 신규 상장 종목이 첫 거래일에 공모가 대비 두 배로 시초가가 형성된 뒤 가격제한폭까지 올라서 마감하는 것을 뜻하는 주식 신조어)'을 기록할 만큼 뜨거운 관심을 받았지만, 얼마 후 최 회장의 계획대로 공매도 세력에 그대로 노출되었다.

대주주 지분의 '보호예수(증권회사나 금융기관이 투자자의 유가 증권을 유료로 보관하는 것)'가 풀리자마자 시작된 공매도 공격에 주가는 그대로 곤두박질쳤다.

최 회장은 자신이 보유하고 있던 주식은 물론이요, 직원들을 통해 차명으로 소유하고 있던 물량까지 시장에 무차별적으로 내다

던졌다.

대주주였던 최 회장의 지분 매각 소식은 불난 집에 기름을 부은 격이었다. 그야말로 아비규환이 따로 없었다. 세븐 스플릿은 연일 신저가를 경신하며 나락으로 향했다.

기업의 실제 가치와는 관계없이 의도적으로 주가를 하락시키고 있다는 것이 눈에 빤히 보였지만, 무차별적인 매도세가 거세 이미 시작된 흐름을 바꾸는 건 불가능해 보였다.

"회장님, 이제 슬슬 움직여야 하지 않을까요?"

재용이 최 회장의 잔에 술을 따르며 말했다.

"글쎄… 내 예상보다 훨씬 강력해. 이대로라면 계획보다 주가를 더 내리 꽂는 것도 가능할 것 같은디… 좀 더 기다려 보는 게 낫지 않겠나?"

최 회장이 한껏 상기된 목소리로 웃으며 말했다.

"예, 그럼 싱가폴 쪽에는 좀 더 기다렸다가 지분 확보 시작하라고 얘기할까요?"
"그려~ 그려~. 그게 낫겠네."

하지만 이 같은 최 회장의 판단은 엄청난 실수였다.

바로 다음 날, 장이 시작되자마자 대규모의 매수세가 유입되기 시작한 것이다. 갑작스럽게 바뀐 흐름에 달러 리치의 유저들까지 매수세에 가담하자, 주가가 엄청난 속도로 상승했다.

마치 숏스퀴즈short Squeeze를 방불케 하는 엄청난 거래였다. 숏스퀴즈란 공매도 투자자가 예상치 못한 주가 상승으로 매도 포지션을 청산하면서 주가 상승을 더욱 가속화하는 현상을 뜻하는데, 우리나라에서는 아직 사례조차 없는 진귀한 일이었다.

◆ ◆ ◆

"블랙잭 게임에서 딜러를 이기는 방법이 뭐죠?"

한서가 물었다.

"그야 딜러보다 높은 패를 받는 거지."

신남이 뭐 그리 당연한 걸 묻느냐는 식으로 대답했다.

"또 한 가지 방법이 더 있죠."
"딜러를 버스트시키는 거?"

이번엔 다영이 대답했다.

"맞아요! 우리 보유 지분으로는 최 회장의 계획을 막기엔 역부족이에요. 한마디로, 들고 있는 패가 너무 약하다는 얘기죠."

"그러니까 최 회장을 버스트시키는 방법을 쓰자는 거잖아…. 근데 무슨 수로?"

신남은 과연 두뇌 회전이 빨랐다.

"대주주 보호예수가 풀리면 최 회장은 의도적으로 주가를 하락시키려고 할 거예요. 싱가폴 쪽 회사와 이미 얘기가 끝났겠죠. 주가가 목표했던 정도로 낮아지면 싼값에 주식을 확보하려고 할 테니, 우리는 그걸 역이용하는 겁니다."

"역이용한다고? 어떻게?"

"보통 이런 식으로 기업사냥이 시작되면 대주주들 대부분은 우호 지분까지 끌어모아서 경영권을 방어하려고 하죠."

"우리도 그래야 하는 거 아녜요?"

"우린 자금도 부족하고 우호 지분을 더 확보한다고 해도 최 회장 쪽 지분보다 더 많이 확보할 수는 없을 거예요."

"그럼 어떻게 하려고?"

"보호예수가 끝나는 날, 우리도 주식을 시장에 내다 팔아 버리는 겁니다."

"아니, 그게 무슨 소리예요~. 지분을 조금이라도 더 확보하지는 못할망정 있는 지분까지 다 갖다 팔아 버리겠다니!"

다영이 발끈하며 소리쳤다.

"어차피 경영권 방어를 하지 못하면 우리 회사는 깡통이나 다름 없게 될 거예요. 특허나 핵심기술은 모두 싱가폴 쪽 회사에 넘어갈 가능성이 크니까……."

"그건 그렇지만, 우리 지분을 모두 팔아 버리는 것이 무슨 의미 가 있어요?"

"최 회장의 욕심을 역이용하는 거죠. 이미 메이드가 된 좋은 패 인데도 더 좋은 패를 만들려고 추가 카드를 받다 보면… 스스로 버 스트가 되어 버리는 거."

◆ ◆ ◆

세븐 스플릿의 주가는 최 회장의 예상보다 훨씬 더 빠른 속도로 하락했다. 한서 쪽의 주식도 동시에 시장에 풀렸기 때문이었다.

"그렇다고 해도, 우리 주식을 한꺼번에 전부 시장에 내놓았다가 는 금방 눈치를 챌 텐데……."

"그런 걱정이라면 문제없어요. 우리한테는 대한민국 최고의 프로그래머가 있잖아요?"

신남이 주변을 두리번거리다가 한서의 시선이 자신에게 꽂혀 있음을 알아챘다.

"나?"

한서가 씨익 웃으며 고개를 끄덕였다.

"세븐 스플릿 인공지능 로봇의 알고리즘을 조금 바꾸면, 개미 군단이 패닉셀panic sell(시장의 갑작스러운 악재 사인으로 투자자들이 공포심에 휩싸여 급격하게 주식이나 채권 등을 매도하는 현상. 다른 말로, 공황매도) 하는 것처럼 보이게 만들 수 있을 것 같은데⋯⋯."

◆ ◆ ◆

마카오의 수사 카지노.

큰 판인 듯 테이블 위에는 칩들이 가득 쌓여 있고, 태삼이 블랙잭 게임을 하고 있다.

딜러가 마지막 카드를 펼치자 플레이어들이 괴성을 지르며 머리를 쥐어짜고, 딜러는 테이블 위에 베팅되어 있던 칩들을 모조리 쓸어갔다.

"크~게 잃으셨네요!"

태삼이 깜짝 놀라 뒤를 돌아보자, 뒤에 서 있던 한서와 다영이 반갑게 인사하며 웃었다.

잠시 후.

"그래서… 한마디로 내 돈이 필요하다?"

"요약하자면… 그렇죠, 뭐~. 그런데 싸부님한테 남아 있는 돈이 있는지는 모르겠네요. 아까 보니까 엄청 잃어대시드만~."

"하하. 고건 재미 삼아 아주 쪼꼼씩 하는 것이고… 내 실력이 어디 가겠는가?"

얼마 후 태삼이 박스 하나를 가져와 탁자 위에 올려놓았다.

박스의 덮개를 열자, 에메랄드빛 칩들이 가득했다.

"와! 이게 다 얼마예요?"

"한 100억 정도 될라나?"

"싸부님, 아주 큰 판에서 인생 베팅 한번 해 보시죠."

◆ ◆ ◆

엄청난 매도세에 급락했던 주가가 난데없이 돌아선 투심에 크게 상승했다.

최 회장의 의도적인 주가 하락 시나리오가 시장에 나돌자, 이에 격분한 개미들이 강력한 매수세에 동참하기 시작하면서 상황이 완전히 역전된 것이다.

　급기야 매수 타이밍을 놓친 싱가폴 회사가 지분 확보를 포기해 버렸다. 싱가폴 회사는 지분 확보에 실패했으니 최 회장과의 이면 계약도 무효라 주장하며 슬며시 발을 빼 버렸고, 공매도 수익까지 챙기려던 최 회장은 세븐 스플릿이 연속 5일째 상한가를 기록하던 날 더는 버티지 못하고 청산을 당하는 대참사를 맞았다.

　선혈이 낭자한 주식 전쟁이 끝났을 때, 한서의 지분은 전보다 오히려 더 늘어 있었다. 태삼이 지원 사격해 준 자금 덕분이었다.

51

투자의 신

"그런데 엄마, 사람들이 왜 다 마스크를 쓰고 있어?"

여섯 살 남짓의 귀여운 여자아이 하나가 공중에 둥실 떠 있는 홀로그램 형태의 사진을 보며 물었다. 동그란 눈매가 다영을 똑 닮아 있었다.

"응, 저 때는 코로나라는 전염병 때문에 사람들이 항상 마스크를 쓰고 다녀야 했거든."

다영이 공중으로 손을 휘, 하고 내젓자 사진이 바뀌었다.

"어? 아빠다! 아빠는 저기서 뭐 하고 있는 거야?"

사진 속에서 한서가 수많은 대중 앞에서 무언가를 발표하고 있었다.

"아빠 회사에서 새로운 서비스가 나왔는데, 그걸 설명하고 있는 거야. 자, 사진은 그만 보고 이제 밖에 나가서 놀까?"

다영이 손을 한 번 더 크게 휘젓자, 공중에 떠 있던 사진들이 단번에 사라졌다.

아이는 "아빠!" 하면서 바깥으로 뛰어나가고, 다영은 창밖의 풍경으로 시선을 돌렸다. 저 멀리 에메랄드빛의 푸른 바다가 넘실대고, 집 앞의 커다란 수영장에서는 한서가 네 명의 아이들과 물놀이를 하고 있었다.

다영은 한쪽 손에 들고 있던 머그를 탁자 위에 올려놓고, 물놀이에 합류하려는 듯 밖으로 천천히 걸어 나갔다.

탁자 위의 〈포브스〉 지 표지에는 한서와 다영 그리고 신남과 태삼이 환하게 웃고 있었다. 각종 언론과 뉴스에는 그들의 이야기가 넘쳐 흘렀다.

'달러 리치, 누적 다운로드 수 1,000만 돌파'

'세븐 스플릿 최철식 의장, 주가조작 혐의로 징역 3년 구형'

'바르는 코로나 치료제 효과 100% 입증, 코 밑에 살짝 바르기만 했을 뿐인데…'

'문신남 세븐 스플릿 CTO, 걸그룹 멤버 유이아와 깜짝 결혼 발표, 임신 3개월 겹

경사'

'명동 존버왕 최철식, 태토 코인 대량 매수 후 감옥행 소식에 신고가 경신'

'바르는 코로나 치료제 코미테, 폐암 예방 효과까지 있는 것으로 밝혀져…'

'세븐 스플릿 CTO 문신남, 구글 CEO 영입설 사실 무근'

'코스피 지수 1만, 코스닥 지수 3천 돌파'

'세븐 스플릿, 역대급 규모의 무상 증자 소식에 10일 연속 상한가'

'세븐 스플릿 문신남 CTO, 구글서 CEO 제안받은 건 맞지만 거절한 것으로 밝혀져'

'명동 존버왕 최철식, 3년 만의 석방, 태토 코인 상장 폐지 소식에 눈물'

'시가 배당 수익률 15% 넘긴 세븐 스플릿, 국내 최초 월배당 지급 소식에 상한가'

'트로트 가수로 제2의 인생 연 명동 존버왕 최철식, 세븐 스플릿은 내가 키운 회사'

'워런 버핏, 세븐 스플릿 지분 또 늘려'

'투자의 신 유한서 월스트리트 접수, 세븐 스플릿 100조 클럽 가입'

투자도 도박이 될 수 있다

강원랜드 카지노에서 가지고 있던 돈을 모두 날리고 겪은 아픔은, 옷 속으로 파고드는 매서운 추위가 전혀 느껴지지 않을 정도로 날카로웠습니다. 소설 속 주인공처럼 신장 하나가 사라진 건 아니었지만, 그 상실감은 크게 다르지 않았던 것 같습니다.

하지만 오른손을 자르면 왼손으로라도 계속하게 된다는 이야기가 무슨 말인지 이해가 될 정도로, 도박은 끊기 힘든 마약과도 같았습니다. 물론 도박으로는 돈을 딸 수 없다는 것도 알고 있었습니다. 하지만 '다이어트 중 마주친 치킨처럼' 그 유혹을 떨쳐내는 것은 불가능에 가까울 정도였죠.

그때 문득, 훈련병 시절 조교가 했던 말이 떠올랐습니다.

"피할 수 없다면, 즐겨라."

저는 도박을 중단하는 것은 불가능에 가까우니 최소한 돈을 잃지 않고 즐길 수 있는 방법을 찾아보기로 했습니다. 그래서 무작정 도서관을 찾았지요. 그렇게 베팅, 게임 전략 등 카지노나 도박에 관한 책들을 모조리 찾아서 읽어가기 시작했습니다. 그중에는 허무맹랑한 내용의 소설도 포함되어 있었고요. 하지만 얼마쯤 지나자, 제가 카지노에서 돈을 잃을 수밖에 없었던 이유가 선명해졌습니다. 게임을 '하는 방법'은 알고 있었지만 게임을 '잘하는 방법'은 몰랐다는 걸 말이지요.

그 이후부터 저는 카지노에서 큰돈을 잃은 적이 없을 뿐만 아니라, 많지는 않아도 돈을 따기 시작했습니다. 그동안 도박은 '운의 영역'에 속한다고 생각했는데, 처음으로 도박에도 실력이 영향을 미친다는 걸 깨달은 순간이었죠. 사실 주식에 투자했다가 큰돈을 잃었을 때도 주식 투자 역시 도박이라고 치부했는데, 그제야 제가 주식으로 투자가 아닌, 도박을 했다는 것도 알게 되었습니다. 주식이 문제가 아니라 주식 투자를 도박처럼 한 저에게 문제가 있었던 것이죠.

결과가 운에 크게 좌우되는 카지노 도박조차 실력에 따라 그 결과가 달라질 수 있는데, 투자라면 어떨까요? 투자야말로 실력에 따라 그 결과가 더 크게 달라질 수도 있겠다는 생각이 들었습니다. 그때부터는 투자를 잘할 수 있는 방법, 그러니까 '돈 공부'에 도전해 보기로 했습니다. 그 방법은 그리 어렵지 않았습니다.

워런 버핏이나 피터 린치 같은 투자의 고수들도 책을 통해 자신들의 투자 노하우를 친절하게 알려주고 있었기 때문이죠. 그렇게 1년여 동안 총 100권에 가까운 책을 읽은 후, 저는 드디어 투자를 제대로 할 수 있게 되었습니다.

소설 속 주인공인 한서의 달러 매수 및 매도와 세븐 스플릿 시스템은 제가 현재 실제로 투자에 활용하고 있는 방법들입니다. 그가 산전수전 겪으며 깨달았던 것들도, 사실은 저의 경험에서 우러나온 것들이고요.

자본주의 세상에서 살아남는 데는 노동자보다는 자본가가 훨씬 더 유리합니다. 하지만 투자는 도박, 위험, 손실, 심지어 한강이나 자살과 같은 무서운 단어들과 종종 같이 붙어 있어 다가서기 힘든 녀석이기도 합니다.

도박처럼 위험한 투자도 있지만, 도박을 투자처럼 안전하게 할 수도 있다는 걸 자각한 후에야 투자를 투자답게 할 수 있었습니다. 그리고 이 같은 깨달음을 사람들에게 조금이라도 쉽고 재미있고 흥미롭게 전할 수는 없을까 생각하게 되었죠. 그러한 고민이《투자의 신》이란 소설의 탄생 배경입니다.

이 책의 제목에는 여러 가지 의미가 담겼습니다. '신'이란 단어 하나에도 다양한 뜻이 있죠. 영적인 절대자를 뜻하는 신神, 믿음을 뜻하는 신信, 매운 것을 뜻하는 신辛까지. 투자의 매운 경험 때문에 투자 자체를 주저하고 있는 사람들이 있다면, 투자를 믿을 만한 수단으로 바꿀 수 있다는 메시지를 전하고 싶었습니다.

저의 실제 경험과 허구를 섞어 이야기를 만들면서, 저 역시 '투자'에 대한 여러 가지 생각을 정리할 수 있었습니다. 물론 소설이라는 장르의 특성상 교훈이나 정보보다 재미를 더 중시하긴 했지만, 독자들에게 투자에 대한 생각을 넓히는 간접 경험의 기회가 되었기를 바랍니다.

'1만 원을 얻는 것이 1억 원을 잃는 것보다 더 낫다'라는 소설 속 대사처럼, 절대로 잃지 않고 안전하게 돈을 버는 방법에 집중하다 보면 그 누구라도 성공적인 투자를 할 수 있습니다.

워런 버핏과 찰리 멍거를 비롯한 최고의 투자자 40명을 20년간 독점 인터뷰한 저널리스트 윌리엄 그린William Green은 자신의 책 《돈의 공식》에서, "투자의 달인들은 모두 경지에 오른 게임 플레이어였다"라고 말합니다. 존 템플턴 경은 대공황기에 포커 게임으로 대학 등록금을 충당했고, 버핏과 멍거는 카드 게임인 브릿지를 자주 했죠. 월스트리트의 전설적인 주식 투자가 피터 린치는 또 어떤가요? 고등학교와 대학, 군대에서 포커 게임을 하며 "포커 치는 법이나 브릿지를 하는 것처럼 확률 놀이를 배우는 것이야말로 온갖 투자 관련서를 섭렵하는 것보다 낫다"라고 말하기도 했습니다. 이처럼 전설적인 투자가들은 게임이 자신에게 유리하도록 재빨리 사전 준비하는 법을 찾아냈습니다.

게임과 투자에는 분명 공통점이 있습니다. 그리고 게임에서 계속 지고 있다면, 그 원인을 파악하고 바꾸는 게 해결책입니다. 마찬가지로, 투자가 필수인 사회에서 투자를 통해 계속 잃고만 있다면, 원인을 찾아 재빨리 해결해야 합니다.

그래서 결론은…

"도박도 투자가 될 수 있지만, 투자도 도박이 될 수 있습니다.

투자를 제대로 하는 법을 배우세요!"

_박성현

투자의 신

1판 1쇄 **인쇄** 2022년 5월 2일
1판 1쇄 **발행** 2022년 5월 16일

지은이 박성현

발행인 양원석 **편집장** 박나미
디자인 구혜민, 김미선 **영업마케팅** 조아라, 신예은, 이지원, 김보미

펴낸 곳 ㈜알에이치코리아
주소 서울시 금천구 가산디지털2로 53, 20층(가산동, 한라시그마밸리)
편집문의 02-6443-8865 **도서문의** 02-6443-8800
홈페이지 http://rhk.co.kr
등록 2004년 1월 15일 제2-3726호

ⓒ박성현 2022, Printed in Seoul, Korea

ISBN 978-89-255-7838-5 (03320)